湖南大学出版社

图书出版基金资助项目

民事科学证据
可靠性认定研究

"说服"视域下的
理论建构与实证检验

王　中◎著

湖南大学出版社

·长沙·

图书在版编目（CIP）数据

民事科学证据可靠性认定研究："说服"视域下的
理论建构与实证检验／王中著. -- 长沙：湖南大学出
版社，2025. 4. -- ISBN 978-7-5667-4156-1

Ⅰ. D925. 113. 4

中国国家版本馆 CIP 数据核字第 2025NR2397 号

民事科学证据可靠性认定研究——"说服"视域下的理论建构与实证检验
MINSHI KEXUE ZHENGJU KEKAOXING RENDING YANJIU
—— "SHUOFU" SHIYU XIA DE LILUN JIANGOU YU SHIZHENG JIANYAN

著　　者：王　中
责任编辑：严　朔
印　　装：长沙市雅捷印务有限公司
开　　本：710 mm×1000 mm　1/16　　印　　张：12　字　　数：183 千字
版　　次：2025 年 4 月第 1 版　　印　　次：2025 年 4 月第 1 次印刷
书　　号：ISBN 978-7-5667-4156-1
定　　价：45.00 元

出 版 人：李文邦
出版发行：湖南大学出版社
社　　址：湖南·长沙·岳麓山　　　　　邮　　编：410082
电　　话：0731-88822559（营销部），88821691（编辑室），88821006（出版部）
传　　真：0731-88822264（总编室）
网　　址：http://press.hnu.edu.cn

目　次

绪　论

一、科学证据审查认定研究的重点问题

通过运用现代科学技术发展所带来的成果，科学证据大幅度提升了司法证明活动的科学性，可以使执法司法人员相较于单纯依据传统证据更加准确地认定案件事实，从而降低错判发生的概率。并且，使用科学技术获取与案件相关的证据材料，可以大幅度减少司法实践活动中事实认定者对传统证据材料的依赖。在司法活动中，科学证据的使用对保障人权、维护司法公正等具有重要意义。但是，科学技术成果的运用并不局限于司法活动，它还深入到社会个体生活的方方面面，从而导致科学证据在司法活动中的出现并不完全是基于司法参与人员的主观选择。在大多数司法活动中，基于所涉案件事实的科学性，司法人员不得不依赖科学证据来实现其对争议事实的认定。也正是基于对科学证据的主动认可及被动需求，各国司法实践中对科学证据的依赖随着科学技术的不断发展而持续增强。①

　　然而，随着对科学证据依赖程度的提升，学界及实践参与者均逐

_____

① 具体到我国司法实践中，作为科学证据主要表现形式的鉴定意见，自有官方统计数据以来，我国司法鉴定机构接受委托出具鉴定意见的数量便不断增加，且其中经由司法机关委托的司法鉴定数量同样呈逐年增加趋势。具体而言，我国司法鉴定总量从 2003 年的 14.90 万件，上升至 2023 年的 301.63 万件（"四大类"），而其中由司法机关（公检法）委托司法鉴定的数量则由 2003 年的 10.54 万件上升至 2023 年的 193.44 万件。参见司法部公共法律服务管理局. 2022 年度全国司法鉴定工作统计分析报告 [J]. 中国司法鉴定，2024（1）：107-110；木子. 2003 年面向社会服务的司法鉴定工作统计报告 [J]. 中国司法鉴定，2004（4）：62-63.

渐意识到，基于科学证据本身所具有的特殊属性，科学证据在为司法活动提供便利的同时，也导致了一系列与之相关的新问题。首先，科学证据的广泛适用增加了事实认定者在证据理解方面的难度。多数情况下，科学证据本身会包含一系列复杂的其他领域专门性知识，而事实认定者作为外行，通常无法在真正意义上理解该部分专门性知识。其次，事实认定者对于科学证据的不当理解可能导致事实认定错误。科学证据所依据的理论与方法并不都是"科学的"，且科学的理论和技术在被应用于司法实践的过程中可能出现错误。最后，科学证据的适用还可能大幅提高诉讼成本。基于事实认定者对科学证据过度信任，相比于传统证据，诉讼当事人可能更愿意借助科学证据证明其事实主张，而科学证据的获取往往需要以支付昂贵的专家费用为代价。

可以说，司法活动中利用科学证据解决法律纠纷的历史悠久，而由科学证据导致司法实践中出现的相关问题同样历史悠长。与此同时，伴随着科学证据参与司法活动范围的扩大与数量的增加，与之相伴的科学证据适用问题也在不断增加。具体到民事诉讼领域，可以说，科学证据在民事诉讼领域的广泛使用，已经对传统司法证明制度产生了深刻影响。① 正因如此，为规范科学证据在司法活动中的适用，各国不断提出和完善针对科学证据适用的证据制度，理论界长期以来也围绕科学证据展开了广泛的研究与讨论，其中最受关注的问题便是如何正确有效地实现对科学证据的审查认定。

鉴于证据审查的规范性与准确性对提高司法公信力具有重要作用，证据规则的制定与完善，以及对证据规则的全面贯彻，被认为是以审判为中心的司法改革的重要维度。② 甚至基于认为司法改革应当

---

① 史长青. 科学证据的风险及其规避 [J]. 华东政法大学学报，2015，18（1）：119-128.

② 龙宗智. 影响司法公正及司法公信力的现实因素及其对策 [J]. 当代法学，2015，29（3）：3-15.

遵循证据裁判规律之观点，证据制度建设应当作为司法改革的首要任务。① 然而，对于科学证据审查认定而言，我国司法改革进行到现阶段，无论是制度规范层面，还是司法实践层面，均仍处于困境之中。②相较而言，我国目前依然没有构建较为完整的科学证据审查认定制度，且关于科学证据审查认定的研究也主要侧重于制度层面的比较，以期借鉴域外先进经验来对我国科学证据审查认定制度进行完善。诚然，基于科学规律本身的普适性，域外先进经验确实会对我国科学证据审查认定制度构建产生积极影响。但是，纵观域外科学证据构建及完善历程，科学合理的科学证据审查认定制度构建主要还是需要基于对审判人员审查认定行为的充分研究。然而，从我国长期以来的科学证据适用实践状况以及理论研究趋势来看，关于科学证据审查认定，仍有诸多亟待回答与解决的问题。③

第一，审判人员是否有能力对科学证据进行有效审查？

司法实践中，审判人员及相关诉讼参与人员对于科学证据的需求，主要来源于系争事实涉及超出一般人理解能力范围的专门性问题。④ 面对专门性问题，审判人员通常都不得不求助于能够提供专门性参考意见的专业人士，从而依据该专门性意见来完成对系争案件事实的认定。然而，当该部分专门性参考意见以科学证据形式呈现在诉讼程序中时，其本身同样包含超出一般人认知能力范围的专门性信息与内容。此时，审判人员作为证据审查认定主体，对于与科学技术相关的专门性知识与内容，同样可能缺乏与科学证据相关的知识或经验基础，甚至属于纯粹的"门外汉"。因此，审判人员是否完全

① 张保生. 司法改革应遵循证据裁判规律 [J]. 法制与社会发展，2014，20（6）：38-40.

② 纵博. 论科学证据的实质审查 [J]. 法商研究，2024，41（1）：150-167.

③ 本书拟开展的是基于我国司法实践环境的实证研究，因此，下文问题之探讨，均系基于我国司法环境与我国学界已有的研究成果展开。

④ 当然，从司法实践层面来看，我们并不否认存在即使审判人员具备相关专业能力，但出于责任规避之目的，而仍然求助于司法鉴定的情形。参见侣化强. 事实认定"难题"与法官独立审判责任落实 [J]. 中国法学，2015（6）：282-300.

具备审查科学证据的认知能力，一直是理论研究以及司法实践参与主体所质疑的关键点之一。

审判人员是否有能力对科学证据进行有效审查的问题，则可以进一步被划分为两个不同层面的问题。在个体层面，该问题被细化为，是否存在个别或部分审判人员缺乏与科学证据审查认定相关的能力的情形。对于该问题，已有部分研究基于针对个案的探讨分析得出相应结论，即我国司法实践中确实存在审判人员未能对科学证据进行有效审查认定的情形。然而，基于事物的发展性，认识论的缺失在司法实践中在所难免。即便是面对非科学证据，审判人员也可能存在认知能力缺失的情形。因此，对于审判人员是否有能力对科学证据进行有效审查问题的探讨，还应上升到整体层面。在整体层面，该问题被细化为，在与科学证据审查认定相关的司法实践中，审判人员缺乏科学证据审查能力的情形是否具有普遍性。对于该问题，目前则仍然没有较具说服力的研究成果进行回应与解答。①作为有效审查认定科学证据的基础，是否具备相应的认知能力，在一定程度上会直接影响到审判人员作出认定决策的准确性与正当性，因此，审判人员是否有能力对科学证据进行有效审查应是现阶段与科学证据相关的研究重点探讨与分析的问题，以回应迫切的现实需求与质疑。

第二，审判人员如何作出关于科学证据审查认定的决策？

从应然层面来讲，审判人员应对科学证据进行全面审查，既要审查科学证据是否符合形式规范要求，也要审查科学证据中所包含的实质内容，如作为基础的科学原理与方法的有效性、分析方法与过程的可靠性等。然而在实践中，审判人员如何具体作出关于科学证据认定的决策，尤其当审判人员缺乏相应认知能力时如何进行决策，均是亟待厘清之疑问，且已受到学界关注。

---

① 部分学者尝试以个案或典型案例分析为基础，将对于该问题的回应与解答上升到整体层面。我们认为此种分析思路是存在偏见的，并不具有针对总体的有效说服力，我们将在后文中对此予以回应。

一方面，审判人员证据审查行为的规范性本身即是证据学研究应予关注的问题。科学证据作为司法实践中涉及的具体证据类型，审判人员如何作出关于科学证据审查认定的决策，当然具有其在诉讼法学及具体到证据学研究领域的普遍研究价值。与此同时，基于科学证据的特殊性及其随着科学技术整体发展在司法实践中的重要程度逐渐增强，与其他类型证据相比，对其进行单独研究更加具有价值和意义。另一方面，这一问题是在前述问题得到解答的基础上需要进一步确定与解决的问题。具体而言，如若基于知识类型间的鸿沟，审判人员缺乏科学证据审查认定能力的情形确实普遍存在，那么，基于审判人员的职责所在，为实现定纷止争之目的，审判人员在无法实现对科学证据全面审查的情况下，如何作出关于科学证据审查认定的决策？当审判人员缺乏相应认知能力时，可能无法对科学证据，尤其是科学证据所涉及的实质内容进行有效审查。然而，即便是在无法实现有效审查的情况下，审判人员仍然需要基于其所获得的有限信息作出关于科学证据是否可以作为事实认定依据的裁决。由于形式审查所认定的内容并不能有效决定科学证据是否可被用作事实认定依据，当审判人员因缺乏认知能力而无法从科学证据所包含的实质内容中获得有效信息时，其该如何作出关于科学证据审查认定的决策呢？

第三，审判人员实然决策行为是否具备正当性？

基于我国现行证据制度的认识论基础与价值追求，审判人员对证据的审查认定应至少同时追求客观真实与程序正义。这也是立法者、实践参与者以及社会公众对现行证据制度所提出的应然要求。具体到科学证据的审查认定中，则要求在现有证据制度的约束与指引下，审判人员能够正确地通过行使其司法裁判权完成对科学证据所认定的事实是否客观真实的判断，并确保在司法裁判权行使过程中实现了程序正义。但目前普遍观点均认为，我国目前关于科学证据的立法不足，证据规则该细的不细、应详的不详，导致审判人员不仅享有证据证明力的自由评断权，而且在证据的可采性问题上也有"生杀予夺"的大权。从而，诉讼参与人员以及社会公众对现行证据制度能否满足关于科学证据审查认定的应然要求存在质疑。并且，由于现有研究的缺陷与不足，该质疑仍然没有得到充分解答。具体到科学证据审查认定中，鉴于科学证据审查认定的特殊性，相比于其他类型证据的审查，审判人员在审查认定科学证据，尤其是审查科学证据所包含的实质内容的过程中具有更多的自由裁量空间。

结合我国现行证据制度的理论基础及具体规定来看，科学证据审查认定中审判人员具体的决策行为是否符合现行规范，应该具体包括两个方面的含义。一方面，也是其最直观的含义，即审判人员的具体决策行为是否符合现行法律所规定的具体行为规范，该行为规范包括一般性规范以及针对科学证据的特别规范。另一方面，依照我国证据制度所遵循的认识论基础，为了认识案件真相，必须发挥审判人员的主观能动性，使其能够根据案件具体情况进行判断。并且，基于证据制度的价值追求，审判人员在行使其所具有的自由裁量权追求客观真实的同时，还至少应符合程序正义在内的其他价值需求。①因而，审判人员具体的决策行为是否符合现行规范，还包括该行为是否符合相应的价值追求。换言之，对于审判人员决策行为正当性的评判，不仅应关注其外在行为是否符合既定法律规范对其提出的明确要求，更为重要的，还需要通过对其决策行为的深入观察与理解，分析探讨其决策行为是否符合证据制度的内在价值追求。

二、科学证据审查认定研究的进展及趋势

要回答上述三个重点问题，需要先充分观察与解读审判人员在面对科学证据时的实然决策行为。但一方面，对实然决策行为的观察

---

① 陈瑞华. 从认识论走向价值论：证据法理论基础的反思与重构 [J]. 法学，2001（1）：21-28.

与解读，通常需要以对应然决策行为的认识与建构为基础。即以应然决策行为（或模式）为指引，明确观察、解读实然决策行为的方向与要点。对此，理论建构与制度规范解读均有助于研究者充分认识和理解科学证据审查认定中审判人员的应然决策行为。另一方面，要在观察与解读实然决策行为的基础上评价决策行为的正当性，必然须以制度规范为标准。因此，归纳总结科学证据审查认定研究的进展及趋势，应从作为基础的科学证据审查认定制度规范与理论模式，以及作为答案的实然决策行为观察与解读两个主要方面进行。

（一）科学证据审查认定制度规范与理论模式研究

关于审判人员应如何对科学证据进行审查认定，最为直观的，即当前制度规范对其决策行为提出的具体要求。对制度规范的研究，可在较大程度上反映出制度规范下审判人员关于科学证据审查认定的应然决策行为。基于英美法系，尤其是美国关于科学证据审查的相关制度发展相对于其他国家的领先性与完善性，域外相关研究主要围绕以美国为典型的科学证据审查认定制度规范展开。[①] 与此同时，由于科学证据概念由域外学者提出且域外制度规范及相关研究均相对更为成熟，国内研究者对科学证据所展开的研究也在较大程度上受到域外制度规范及研究成果的影响。

从科学证据审查认定整体研究来看，以美国相关制度规范为对象的域外研究主要关注科学证据可采性判断。美国科学证据可采性标准的发展演变，大致经历了几个重要的阶段。推动科学证据制度发展的标志性判例和事件主要包括弗赖伊诉合众国案（Frye v. United States）、《联邦证据规则》（*Federal Rules of Evidence*）的颁布以及多伯特诉梅里·道医药公司案（Daubert v. Merrell Dow Pharmaceuticals）

[①]　在英美法系内部，英国关于科学证据审查认定的相关制度发展与完善同样受美国的影响。参见邱爱民. 科学证据基础理论研究 [M]. 北京：知识产权出版社，2013：180.

等等。与此相对应的，大多数科学证据审查认定制度相关的研究成果，同样能按照该部分制度的形成与发展进行明显的划分。而自20世纪90年代 Daubert 规则确立之后，关于科学证据可采性研究则主要围绕多伯特诉梅里·道医药公司案所衍生出的 Daubert 规则展开。在Daubert 规则产生前，大部分研究均系基于对 Frye 规则的解读与审视展开，并试图寻找新的解决方案。关于 Frye 规则，较为统一的观点认为，该规则所确定的"普遍接受"原则会在很大程度上阻碍"新型"科学证据在司法实践中的适用。Frye 规则所坚持的普遍接受原则实际上是基于一个错误的假设，即科学界在接受新的科学证据时会形成统一的意见。但在实践中法官们会发现，针对一项科学技术，尤其是新近产生的科学技术，普遍接受基本上不会存在。① 与此同时，基于对 Frye 规则的解读与分析，研究者提出诸多替代性审查方案。例如，对于新型科学证据可采性的判断，在传统相关性和专家证言分析的程序框架内，应考虑包括使用该技术进行分析的潜在错误率、在技术特征方面存在的保障措施、该领域的科学家已经接受该技术的程度、该技术及其结果解释的清晰度和简单性等因素。② 而当Daubert 规则形成之后，Frye 规则存在的缺陷得到弥补，研究者即将其目光聚焦于 Daubert 规则，并重点关注在 Daubert 规则下法官应当如何开展科学证据可采性判断。部分学者指出，Daubert 规则要求法官在判定科学证据可采性的过程中首先需要确定被提供的证据是科学的。如果该证据是科学的，则需要进一步确定两个问题。第一，专家所依据的知识和数据是否是值得信任的；第二，专家的理论或数据与专家关于因果关系的证词之间是否存在有效的科学联系。③ 与此同

---

① Moenssens A A. Admissibility of scientific evidence: an alternative to the Frye Rule [J]. William & Mary Law Review, 1983, 25: 545.

② McCormick M. Scientific evidence: defining a new approach to admissibility [J]. Iowa Law Review, 1981, 67: 879.

③ Bernstein D E. The admissibility of scientific evidence after Daubert v. Merrell Dow Pharmacueticals, Inc [J]. Cardozo Law Review, 1993, 15: 2139.

时，Daubert 规则赋予法官的"守门人"职责以及法官应当如何履行该职责，也得到充分解读和阐述。具体而言，Daubert 规则不要求将"普遍认可"作为科学证据可采性的评判标准，但法官依然需要确保专家提供的证言具备可靠性并与需要解决的事实认定问题相关，即法官在审查认定科学证据时依然要履行其"守门人"职责。而法官履行其"守门人"职责主要通过考量以下几点来实现：该理论或技术是否已经经过测试；该理论或技术是否已经被发表或被同行专业所评议（非决定性考量因素）；错误率以及是否存在相关的控制标准；该理论或技术是否被普遍接受。①

为顺应域外科学证据制度与理论的发展，满足我国立法、司法实践所提出的具体需求，国内研究者也开始关注科学证据审查认定相关问题并展开研究。受域外典型制度规范及相关理论研究成果的影响，国内学者对于科学证据审查认定制度的研究，大致可分为三种形式。第一种形式，对域外理论研究与实践现状的分析与解读。该部分研究成果，主要强调科学证据的审查认定应注重对"实质性"内容的审查，如"科学"的有效性、方法的有效性等。即明确科学证据可靠性认定应是科学证据审查的主要内容，同时也承认外部审查对于最终审查认定结果的作用。整体上，国内学者同样认识到，科学证据的认知包含内在和外在两个方面。科学证据认知的内在方面，旨在从科学证据生成过程的科学原理、科学方法认识科学证据的有效性，从不确定性、可重复性、因果关系和错误率中认识科学证据的可靠性；而外在方面则主要是判断对证据或事实作出判断或解释的专家证人是否可信。② 与此同时，英美法系国家的证据规则对如何判断专家证据的可靠性、证明力及价值等问题，即专家证据的采信问题并没有作出任何规定，而基本上由事实裁判者通过自由裁判权来加以审

---

① Wood J M, Carne J E. Daubert's Lamppost：a guide to the admissibility of scientific evidence [J]. The Journal of Pharmacy & Law, 1993, 2：221.

② 张南宁. 科学证据基本问题研究 [M]. 北京：中国政法大学出版社，2013：85-106.

查和判断。对此，有学者在总结相关域外研究成果的基础上指出，陪审员和法官一般会从专家证人的可信度、专家证言的可信度以及专家证据的充分性等方面来考察和评判科学证据本身的可靠性。其中，专家证人的着装、专家的语言表达能力、专家证言是否客观中立、专家证言的论证是否充分全面、专家的思路是否清楚、逻辑推理是否严密以及专家意见是否与案件中的其他证据相辅相成等诸多维度都可能成为法官评价科学证据可靠性的影响因素。[①]第二种形式，从抽象层面将域外科学证据审查认定制度理论与我国具体证据学理论所确定的证据审查规则相融合，主要表现为从证据基本属性出发探讨科学证据审查认定制度构建要点与思路。一般而言，科学证据能够反映证明对象的客观状况，遵循科学原理，采用科技设备和方法，符合科学技术的客观标准，则认为科学证据具有客观性；科学证据所依据的科学本身的可靠性以及该项技术及其结果的准确率、对人权的侵犯程度和方式，则是科学证据具有关联性的前提；合法性则要求收集证据的合法性、证据形式的合法性及保障人权的正当性；而考察科学证据的证明力，要特别注意审查科学证据的可靠性。[②] 之所以说该部分观点仍然是从抽象层面对科学证据审查认定制度进行阐述，主要是因为该部分研究成果并未结合我国具体的证据方法将包括可靠性在内的抽象概念进行细化。最后一种形式，将科学证据审查认定结合明确的证据方法进行具体化。也即，综合域外科学证据理论、规范与我国立法、司法的实际需求，提出符合我国实践需求的科学证据审查认定规则构建方案。依据对科学证据与我国证据方法对应关系的理解与阐述，该部分研究成果力图将我国审判人员在判断科学证据可靠性时应予考量的因素进行具体化、规则化。当然，对于我国审判人员在判断科学证据可靠性时应予考量的因素的描述，除限于域外相关规则明确的与科学证据所包含实质内容相关因素外，较多的学者也

---

① 季美君. 澳大利亚专家证据可采性规则研究 [J]. 证据科学，2008（2）：147-158.

② 王继福. 民事科技证据研究 [M]. 北京：知识产权出版社，2012：9.

引入了相应的外在判断标准。其中代表性观点认为，科学证据可靠性的外在评判标准应包括：审查鉴定人的知识经验领域与鉴定事项要求的知识范围的匹配程度；审查鉴定人在司法鉴定执业范围内的相关执业情况，如以往鉴定的数量、鉴定意见被司法机关采信的比例等；审查鉴定人的中立性等；审查鉴定机构的管理规范性，以及认证认可情况；另外，还可以通过包括鉴定人是否需出庭而未出庭等情况对鉴定意见的证明力进行判断。①

　　然而，从决策行为的一般层面来看，有限的制度规范似乎并不能完全实现对法官决策行为的约束。尤其是在审判人员认知能力受到普遍质疑的情况下，较多域外学者选择以更为宽泛的视角对在科学证据审查认定中的审判人员应然决策行为展开分析与阐述。其中，部分学者在解读制度规范的基础上，论述审判人员应当如何在制度规范的基础上更为有效全面地实现对科学证据的审查认定。例如，有学者在 Daubert 规则基础上提出一种二分的科学证据可采性评判方法。该方法要求从内部和外部两个方面实现对科学证据可采性的评判。内部评判是基于 Daubert 规则检验科学证据的有效性。检验内容包括得出结论的研究方法须被已有文献所了解和接受，专家证人须具有相应的能力和技术，并根据案件具体事实考量专家意见的可靠性。外部评判则需要借助于案件环境因素并结合其他证据从外部评判专家意见。②与此同时，为在制度规范基础上更加全面地引导和约束审判人员的决策思路与行为，较多学者选择将其视野拓展至认知心理学领域，结合决策心理视角论证科学证据审查认定的应然决策行为。其中，占据主要地位的观点，即是将科学证据的质证与审查作为一个说服性沟通（persuasive communication）的过程，结合与说服沟通相关的心理学研究成果中的决策过程信息处理模型，来实现对于科学证

---

① 刘晓丹. 论科学证据 [M]. 北京：中国检察出版社，2010：148-159.

② Davies J. Admissibility of scientific evidence in courts [J]. Medicine and Law, 2005, 24
(2)：243.

据审查认定的应然决策行为的分析。例如，将科学证据的质证作为一个说服性沟通过程，来自科学证据提供者、科学证据本身以及审查人员自身相关的因素都能够成为科学证据审查认定的依据。① 基于说服性沟通理论构建的双过程信息处理模型（dual-process model），② 以及在该模型基础上发展所得的认知—体验自我理论（cognitive-experiential self-theory），③ 都被用于理解和预测审判人员在面对科学证据时的潜在的决策思路与行为。除此以外，态度模型（the attitudinal model）等其他认知心理学模型，也被用来阐释特定类型非规范因素对审判人员决策行为的潜在影响。④然而，我国法学研究长期以来以教义学研究方法为主导，国内已有研究成果对审判人员在科学证据审查认定过程中决策行为的分析主要从规范层面着手。当然，关于科学证据审查认定的国内研究成果并不否认非规范性因素对于我国审判人员的潜在影响。其中最为典型的，即认为在我国针对科学证据审查认定制度规范相对缺乏的情况下，审判人员更倾向于通过案外因素来作出决策，甚至产生一定的偏见。⑤ 然而，对于非规范因素能否以及如何影响审判人员关于科学证据审查认定的决策思路与行为，目前仍然缺乏基于认知心理学或者其他学科理论的系统分析与阐述。

　　总体而言，关于审判人员应当或者可能如何实现对于科学证据的审查认定，域内外研究成果均认为，审判人员关于科学证据审查认

---

① Bank S C, Poythress Jr N G. The elements of persuasion in expert testimony [J]. The Journal of Psychiatry & Law, 1982, 10 (2): 173-204.

② McAuliff B D, Kovera M B. Juror need for cognition and sensitivity to methodological flaws in expert evidence [J]. Journal of Applied Social Psychology, 2008, 38 (2): 385-408.

③ Lieberman J D, Krauss D A, Kyger M, et al. Determining dangerousness in sexually violent predator evaluations: cognitive-experiential self-theory and juror judgments of expert testimony [J]. Behavioral Sciences & the Law, 2007, 25 (4): 507-526.

④ Buchman J. The effects of ideology on federal trial judges' decisions to admit scientific expert testimony [J]. American Politics Research, 2007, 35 (5): 671-693.

⑤ 张蕊，杨书怀. 法务会计鉴定意见的采信机制研究 [J]. 会计研究, 2013 (8): 89-95+97.

定的应然决策行为不仅受到具体制度规范的约束与指引，制度规范以外的因素，如质证环境等，均可能会对审判人员的具体决策行为产生影响。但相较而言，域外学者已逐渐将其研究视野由制度规范转向审判人员的决策心理，域外研究的交叉学科属性已然凸显。国内研究者对于科学证据审查认定的研究则仍然主要围绕制度规范展开，对于非规范因素的探讨还较为缺乏，尤其缺乏基于交叉学科视野及理论对非规范因素的系统阐述。但国内研究者同样逐渐意识到，鉴于科学证据具有的特殊属性，单纯地关注制度规范与外在决策行为可能难以实现对科学证据审查认定的规范与引导，应当对审判人员在其自由裁量权限范围内的决策心理给予更多的关注。

（二）科学证据审查认定的实然决策行为研究

对科学证据审查认定实然决策行为的研究，即通过实证观察与分析来揭示科学证据审查认定在具体司法环境中所呈现出的实然状态。对此，域外已取得较为丰富的研究成果。并且，基于陪审团参与审判的特殊制度为实证研究所带来的便利性，对于审判人员行为的实证检验，主要使用模拟实验的方法开展。① 具体而言，在已有科学证据审查认定实证研究成果中，基本以英美法系研究者通过构建模拟陪审团（mock jurors）进行试验检验所获得的研究成果为主。与理论研究中构建比较宽泛系统的研究框架不同，实证研究往往旨在验证某个具体的研究假设能否依据实证分析得到证实。因此，在已有科学证据审查认定实证研究成果中，具体研究成果所涉及的研究论点均较为单一，总体研究成果所涉及的研究论点相对繁杂。而研究者重点关注的是审判人员作为非"科学"领域专业人士，是否有能力对科学证据的内部实质信息进行审查，以及科学证据所呈现的何种信

---

① Diamond S S. How jurors deal with expert testimony and how judges can help [J]. Journal of Law and Policy, 2007, 16（1）: 47.

息对审判人员最终的决策产生影响。

关于审判人员在科学证据审查认定方面的认知能力，在科学证据出现与发展的较早阶段，已有学者对此展开实证研究。并且，这也是在较早时期关于科学证据审查认定的实证研究中，研究者们关注较多的论题。总体上，审判人员作为"门外汉"，被认为在正确评估科学证据方面存在困难。具体来说，以单纯的非专业人士作为分析对象，在判断某一结果产生的概率时，他们忽略了基本概率（base-rate）相关的信息，[①] 并且不能有效识别科学证据所存在的样本容量过小、[②] 样本选取存在偏见，[③] 以及分析过程缺少对照组等问题。[④] 具体到司法情境中，此种情形同样得到证实，如模拟陪审团难以有效理解科学证据中所包含的统计因素。[⑤] 也即，在关于科学证据审查认定实证研究较为早期的阶段，域外研究人员即已证实审判人员作为非专业人士，在科学证据审查认定方面存在困难。在明确审判人员作为非专业人士在科学证据审查认定方面存在困难的情况下，域外学者开始将实证研究的重点转向审判人员究竟依据哪些因素实现对于科学证据的审查认定。其中以说服理论为基础构建研究框架并提出研究假设的实证研究成果，相比于其他研究成果而言，更为系统地对影响科学证据审查认定的具体因素进行了考察。从总体研究结果来说，在科学证据审查认定过程中，科学证据所包含的内部实质信息以及相关的外部信息均会对审判人员的决策产生影响。其中，包括专家可

① Kahneman D, Tversky A. On the psychology of prediction [J]. Psychological Review, 1973, 80 (4): 237.

② KFong G T, Krantz D H, Nisbett R E. The effects of statistical training on thinking about everyday problems [J]. Cognitive Psychology, 1986, 18 (3): 253-292.

③ Hamill R, Wilson T D, Nisbett R E. Insensitivity to sample bias: generalizing from atypical cases [J]. Journal of Personality and Social Psychology, 1980, 39 (4): 578.

④ Mill D, Gray T, Mandel D R. Influence of research methods and statistics courses on everyday reasoning, critical abilities, and belief in unsubstantiated phenomena [J]. Canadian Journal of Behavioural Science/Revue canadienne des sciences du comportement, 1994, 26 (2): 246.

⑤ Faigman D L, Baglioni A J. Bayes' theorem in the trial process: instructing jurors on the value of statistical evidence [J]. Law and Human Behavior, 1988, 12: 1-17.

信度等在内的外部信息对审判人员决策的影响更为明显。依据说服理论所开展的科学证据审查认定实证研究中，较为典型的研究成果，如 Bradley D. McAuliff 等通过模拟陪审团实验发现，科学证据的内在有效性没有对模拟陪审团的决策产生影响，而专家可信度以及被告可信度等外在因素则对其决策产生了正向影响。[①] Jonathan J. Koehler 等的研究成果同样表明，审判人员更倾向于以提供科学证据专家的背景与经验为依据来评判其所提供的科学证据的价值。[②] 依据说服理论提出的研究假设，即当审判人员缺乏对于科学证据的认知能力时，其更倾向于使用外部因素实现对科学证据的审查认定。

相比较而言，鉴于传统研究方法在我国法学研究中的主导地位，针对科学证据审查认定的实证研究在我国司法实践中首先表现为研究成果的量较少。并且，已有实证研究成果中所使用的分析方法也表现出明显的局限性。国内已有的实证研究成果中，对于科学证据审查认定的研究主要是基于个案或典型性案件而展开的。也即，通过个案中表现出的法官决策行为，来判断司法实践中科学证据审查认定的实然状态。如杨书怀通过个案观察认为，审判人员通常更倾向于依据鉴定机构级别与权威性、司法鉴定人能力等外在因素来认定鉴定意见的可靠性，如鉴定机构权威性越高，审判人员即认为该鉴定机构出具的指定鉴定意见可靠性越高，从而越有可能被采信为事实认定依据。[③]然而，基于个案或者典型性案例样本的分析虽然也能在一定程度上揭示法律现象的实然状态，但其局限性也非常明显。也即，个案或者典型性案例样本与相关诉讼案例的总体存在较大的偏差，从而

①　McAuliff B D, Kovera M B, Nunez G. Can jurors recognize missing control groups, confounds, and experimenter bias in psychological science? [J]. Law and Human Behavior, 2009, 33 (3): 247-257.

②　Koehler J J, Schweitzer N J, Saks M J, et al. Science, technology, or the expert witness: what influences jurors' judgments about forensic science testimony? [J]. Psychology, Public Policy, and Law, 2016, 22 (4): 401.

③　杨书怀. 论法务会计鉴定意见的采信：基于昆明国良公司与古德公司合作协议纠纷案的分析 [J]. 会计之友, 2016 (19): 49-52.

无法实现对于总体实践状况的分析与总结。当然，除了基于个案或者典型性案例的实证研究成果，也存在一定数量基于大样本数据的实证研究成果。并且，该部分大样本数据研究成果，样本数量达到一定量级，较之于个案研究应当具有优越性。然而，该部分成果中所构建的分析模型以及所使用的具体统计分析方法，与域外研究相比均存在明显的差距。并且，基于其所构建的分析模型以及所使用的具体统计分析方法得出的分析结果是否准确、是否具有说服力等，都还值得进一步探讨。如有学者尝试基于部分省份的实证调研数据分析鉴定意见审查的外在因素，意欲证明外在因素对鉴定意见采信概率的"影响"。但其中所使用的分析方法则仅为简单的百分比统计，并对不同外在因素分开进行分析探讨。[①] 一方面，从统计分析方法本身而言，简单的百分比统计虽然能从表面上体现出一定的差异性，但该差异是否显著则无从验证；另一方面，从分析思路上来说，法官所作出的具体决策应受多种因素影响，且该部分因素应是共同对最终结果产生作用，分开对各因素进行分析，无法客观反映出各因素的共同作用机理。

总体而言，域外关于科学证据审查认定的实证研究成果已经十分丰富，且对于科学证据审查认定实然状态的反映已经较为明确。然而，一方面，实证研究必须落脚于具体的司法环境中，而我国与域外研究者所立基的司法环境存在较大差异，域外研究成果所反映的科学证据审查认定实然状态并不能代表我国的状态。另一方面，域外本领域实证研究多以模拟陪审团形式展开，对于我国的审判制度而言并不具有现实意义。换言之，鉴于围绕科学证据审查认定所开展的实证研究仍然匮乏，为实现对审判人员实然决策行为的充分观察与解读，更为广泛且深入地开展实证研究应是当前科学证据审查认定研究的重要趋势之一。

---

① 马云雪. 鉴定意见认证存在的问题及其对策研究 [J]. 西部法学评论，2012 (4)：89-96.

三、"说服" 视域下科学证据可靠性认定的研究路径

从对研究进展与趋势的归纳与分析来看，对于我国的科学证据审查认定，研究者的重心长久以来都聚焦于制度规范。对于审判人员应然决策行为的探讨，通常也都限定在制度框架内。然而，以回答本书提出的重点问题为目的，未来的研究重心理应向科学证据审查认定中审判人员的实然决策行为转变。并且，对于审判人员实然决策行为的观察，应由个案层面提升到一般性层面。也即，由已有研究主要以个案为样本观察、解读审判人员决策行为，转变为对大样本案例的分析并推导至司法实践的整体层面。因此，本书拟从研究思路与方法两个方面寻求突破，以期在已有研究的基础上取得对科学证据可靠性认定，尤其是其中审判人员实然决策行为，更深更全的理解和认识。一方面，我国法学研究长久以来以教义学研究方法为主导，即便是研究方法得到一定的多样化发展与转变之后，教义学研究方法仍然是法学研究领域的主流研究方法。具体到科学证据领域，已有研究多为规范性研究或基于典型性案例开展的个案实证研究。而本研究拟采用统计分析方法，基于对司法实践中涉及科学证据审查认定的案件总体进行随机抽样，并在总结我国科学证据审查认定中法官集体经验的基础上进行深入研究。另一方面，在开展对于科学证据可靠性认定中审判人员决策行为的实证观察前，本书首先构建关于科学证据审查认定中审判人员决策行为的应然模型。与已有研究主要通过解读制度规范来预测审判人员的潜在决策行为模式不同，本研究在解读现行法律规范对审判人员决策行为所提出的要求的基础上，着重考虑审判人员决策行为的行为心理学基础，在更为全面的理论支持下，对审判人员决策行为的规范性影响因素与非规范性影响因

素两个方面进行分析评价。

本书第一章，界定相关基础概念及其实践表征。目前，我国理论界对科学证据的定义仍然没有形成共识，尤其是科学证据与我国现有证据种类的对应关系分歧较大。为了更好地实现研究目的，对于实践数据的获取需以明确科学证据与我国司法实践中所使用的具体证据方法间的对应关系为基础。因此，本书一开始就基于国内外已有研究成果，从内涵与外延两个方面实现对科学证据的界定，并确定其与我国司法实践中所使用证据方法的对应关系。与此同时，同样是基于科学证据概念界定的模糊性，作为本书研究基点的科学证据可靠性同样存在进一步厘定的必要性。证据学领域，我国理论研究者及实践参与者通常关注对证据"三性"的审查判断，即合法性、真实性及关联性。要实现对科学证据可靠性认定的研究，必然需要明确"可靠性"概念及其与证据"三性"的对应关系。因此，在确定科学证据内涵与外延的基础上，本研究还将继续明确科学证据可靠性概念及其与证据"三性"的对应关系。

本书第二章，构建民事科学证据可靠性认定的"说服"模型。遵循定量实证研究的假设检验逻辑，对审判人员决策行为的实证观察应以对应然决策行为的分析和推导为基础。也即，基于对应然决策行为的分析和推导，提出关于实践中审判人员可能如何决策的研究假设，并通过验证该部分研究假设是否成立来形成对实践中审判人员决策行为的认识以及对决策思路的解读。其中，对应然决策行为的分析和推导，应以对制度规范和决策心理模式的充分解读为基础。然而，我国已有研究对审判人员的应然决策行为的分析和预测，主要通过对制度规范的解读来实现，对决策心理模式的关注极其有限。故此，为全面有效地实现对科学证据可靠性认定中审判人员决策行为的实证观察与解读，本研究融合行为心理学领域"说服"理论与我国现有的科学证据可靠性认定相关的证据制度，构建科学证据可靠性认定中审判人员决策的理论模型，为后续实证研究框架的形成以及研究论点的提出提供系统指引。

本书第三章，推导民事科学证据可靠性认定的应然状态。在构建民事科学证据可靠性认定应然决策模型的基础上，本章基于理论研究成果对审判人员认知能力的相关质疑以及对应然决策模型与司法实践连接点的明确，对我国民事科学证据可靠性认定中审判人员决策行为的应然状态进行理论推导。由此，提出用以支撑实证检验的相关研究假设。具体而言，第一，归纳总结已有理论研究成果对审判人员认知能力所提出的质疑，包括其中关于相关制度规范实际效果所提出的质疑，以明确我国审判人员在科学证据审查方面所具有的认知能力状态。第二，明确民事科学证据可靠性认定决策的基本要素。即在理论模型的基础上，在我国司法实践语境中将模型中影响审判人员决策的理论要素具体化，明确科学证据可靠性认定决策要素的实践表征。第三，提出关于审判人员决策行为的研究假设。即依据前文构建的科学证据可靠性认定中的审判人员决策模型，以及审判人员应然认知水平与基本决策要素提出实证研究的基本论点，以明确实证分析的思路与方法。

本书第四章，检验科学证据可靠性认定中审判人员的实然决策行为与逻辑。首先，制定开展实证研究所需的研究方案，即进行研究变量的选取与测度，确定样本数据来源与样本选取方案，并明确实证分析中拟使用的统计分析方法。其次，对最终确定的样本数据的分布情况进行描述，在了解样本数据基本情况的基础上，确定样本数据选取的有效性。再次，依据选取的样本数据，对实证分析部分所确定的研究变量进行描述性分析。一方面，对研究变量的描述性分析可以了解与实证研究相关的科学证据可靠性认定实践状况；另一方面，则可以通过描述性分析来初步判断所选取的研究变量的具体数值分布是否符合后续统计分析的要求。最后，使用方案设计部分确定的统计方法对研究假设进行检验，在进行研究假设检验之前，还需要对研究变量的有效性进行进一步的检验。

　　本书第五章，评价我国科学证据可靠性认定中审判人员决策行为与逻辑，并提出针对科学证据可靠性认定的规制方案。实证分析结果反映的是我国司法实践中，审判人员关于科学证据可靠性认定的决策行为实然状态。本章将结合相关制度与理论，探讨该实然状态中的审判人员决策行为的正当性，并依据正当性探讨结论，在充分论证必要性的基础上，提出关于规制我国科学证据可靠性认定的具体思路与方案。

第一章　基本概念辨析

　　为实现对科学证据可靠性认定中审判人员决策行为的准确归纳与总结，需要对与科学证据可靠性认定相关的概念进行界定。特别要指出的是，其中部分概念在理论界得到广泛讨论，甚至已经达成一定的共识，但基于实证研究目的，仍然需要结合我国司法实践对该部分概念进一步作出符合我国司法语境的界定。

一、科学证据

　　科学证据本身是一个类概念，确切地说，科学证据完全是一个学理表述。科学证据表述本身虽然在域外相关研究中由来已久，但国外学者很少直接对科学证据的概念进行辨析。即便少数学者对科学证据进行了界定，也主要是对实践中所出现或可能出现的典型性科学证据进行列举，而更多学者则不对科学证据进行严格界定即直接对其适用进行讨论和分析。相反地，我国学者均认为，在展开关于科学证据相关问题的探讨前，为了使科学证据的定义能够涵盖其全部子项，使科学证据的定义满足周延的要求，需要从内涵与外延两方面对科学证据进行界定。然而，即便是国内学者目前已经提出关于科学证据界定的诸多观点，但已有观点对科学证据的界定并没有真正意义上达成有效共识。与此同时，基于实证研究目的，对于我国司法语境中审判人员决策行为的探讨与分析，需要确定科学证据这个类概念与我国法定证据方法的对应关系。故此，在开展实证研究前，有必要基于我国的立法与司法实践对科学证据进行准确界定。

（一）科学证据的内涵

关于科学证据的内涵，应该说在我国已有研究成果中体现出了较大的分歧。同时，也由于域外学者并不如我国学者如此热衷于定义科学证据，因此关于科学证据内涵的争议也主要发生在我国学者之间。具体而言，关于科学证据内涵的分歧主要体现在三个方面。首先，如何界定用于形成科学证据的理论与（或）方法，也即什么样的理论与（或）方法被用于生成科学证据；其次，如何界定前述理论与（或）方法的具体应用形式，也即该理论与（或）方法以何种方式导致了科学证据的形成；最后，如何界定科学证据的具体表现形式，也即最终形成的科学证据是如何在司法实践中予以呈现的。

对于形成科学证据的理论与方法，也即科学证据中"科学"的具体内涵，部分学者认为，应对科学证据中的"科学"做狭义理解，即科学证据形成过程中所依据的理论与方法仅包含普遍意义上的科学原理与知识。另一部分学者则认为，除普遍意义上的科学原理与知识外，科学证据形成过程中所依据的理论与方法还应包含通过个人经验所获取的"技术"，应将科学证据中的"科学"理解为"科学与技术"。[①]支持将科学证据中"科学"做广义理解的部分学者还认为，使用"科技证据"在字面意义上比"科学证据"更具有周延性。[②] 总结学界观点，对于科学证据中"科学"的具体应用形式，同样可有广义与狭义两类理解方式。广义理解认为只要证据本身具有"科学"含量，该证据即可被归类于科学证据，而不对"科学"的具体应用

---

① 李静. 证据裁判原则初论［M］. 北京：中国人民公安大学出版社，2008：309.

② 当然，该部分支持使用"科技证据"的学者还有其他方面的理由，如有学者认为"科学证据"在字面意义上容易使人产生"科学证据"即等同于"合乎科学的证据"的误解。参见王继福. 民事科技证据研究［M］. 北京：知识产权出版社，2012：5-8.

形式作出限定。①而将"科学"的应用形式做狭义理解时，则可进一步区分。根据在"科学"具体应用过程中是否蕴含使用者的主观推论与判断，一类观点将"科学"的应用形式理解为使用者客观运用"科学"理论与（或）方法进行发现、收集；另一类观点则认为除客观发现与收集之外，"科学"的应用形式还可以表现为运用"科学"理论与（或）方法结合其他相关信息与资料进行推论与判断。②最后，关于科学证据的具体表现形式，确切来说，由于国内学者普遍认同科学证据是一个类的概念，因而对其具体的表现形式很少进行特别分析与限定。从目前已有的科学证据定义来看，学者们也更加注重对前两部分内容的限定。但是，也正是由于未对科学证据的具体表现形式进行具体的限定，后续对科学证据的外延进行界定时则会产生较大的分歧。因而，基于科学证据界定的需求，除学界争议较大的前两部分内容以外，科学证据的具体表现形式也应该加以界定。

应该说，我国学者在论证科学证据的具体概念方面相较于国外学者付出了更多的努力，现有成果对于科学证据概念的界定也具有一定的合理性。但国内学者多注重从学理角度出发对科学证据进行研究，从而在一定程度上忽略了科学证据本身对于实践层面的重要意义。进而导致，许多国内学者在对科学证据的概念进行论述时，更加倾向于对国内学者已有研究成果进行学理反思，而在反思过程中弱化了对我国司法实践状况及需求的结合。这在一定程度上导致了我国现有研究成果中对科学证据概念界定的分歧。故此，要更好地界定科学证据的内涵，就要立足我国司法实践状况及需求，即更加明确科学证据内涵界定的目的性。

随着科学技术的迅猛发展，其带来的成果也逐渐扩散到个体生活中，时至今日，科学技术成果基本上已经影响到每个个体生活的方

---

① 房保国. 科学证据研究 ［M］. 北京：中国政法大学出版社，2012：18-19.

② 李静. 证据裁判原则初论 ［M］. 北京：中国人民公安大学出版社，2008：309.

方面面。并且，科学技术成果对个体生活的影响也不可避免地扩展到司法活动中。然而，由于审判人员本身具有知识的局限性，在对超出其认知范围的案件事实进行认定时，不得不求助于具备相应认知能力的专业人员。这也产生了专业人员所提供信息与内容的理解与适用问题。为了使司法活动参与人员更好地完成对案件事实认定，学界开始致力于总结归纳专业人员所提供的协助信息在司法活动中体现出来的共性，从而最终促使科学证据这个旨在从系统上概括该类信息的类概念的提出。概言之，科学证据概念的提出，应是基于对涉及专业人员运用科学技术知识所提供证据共性的认识，以提升司法活动参与人员对该类证据的认知能力。据此，结合前述学界关于科学证据概念界定存在的分歧，应对科学证据的内涵做如下理解。

首先，对科学证据中的"科学"应做广义理解，即应理解为"科学与技术"。科学证据类概念下证据所具有的共性的一个主要特征，是该类证据在审判人员认知能力缺乏时被提出。因而，在科学证据语境中的"科学"具有一定的相对性，即该"科学"在证据审查语境中应包含超出作为普通人所具有的认识能力这一显著特征。同时，依据人类认识自然的普遍规律，任何知识的获得均须基于个人所获取的经验。故此，对于科学证据中的"科学"的理解，不应将通过个人经验所获取的"技术"割裂出来。事实上，我们也很难在具体案件中作出关于普遍意义上的科学与通过个人经验所获取的"技术"的划分。如果将"科学"做狭义理解，反而会增加司法活动参与人员在科学证据认知上的难度，从而不符合科学证据概念提出的目的。其次，对于"科学"的应用，应理解为运用"科学"理论与（或）方法主观上进行推论与判断。司法活动中之所以需要科学证据，主要是因为审判人员缺乏涉及"科学"案件事实的认定能力。基于对客观事实的追求，审判人员需要寻求一定的协助。可以肯定的是，审判人员既然缺乏相关的"科学"知识水平，当然也不具备运用"科学"理论与（或）方法对争议事实进行认定的能力。换言之，审判人员所寻求的协助不可能仅限于专业人员对"科学"知识的传输与解读，而是需要专业人员依据其所具有的"科学"知识对争议案件事实进行推论与判断，而后依据该事实判断结果进一步实现对案件总体事实的判断。事实上，司法活动中出现的具体证据是否含有"科学"成分，是一个难以界定的问题，严格意义上来讲，任何证据的产生与获取乃至呈现都可以被认为含有"科学"成分。故而，基于科学证据提出的目的，同样不宜对"科学"的应用做广义理解。最后，科学证据应表现为言词形式。基于对"科学"应用形式的界定，由于科学证据的产生含有专业人员的主观判断，因而只有通过言词形式才能真正实现对科学证据的展示。事实上，相比于国内学者热衷于增强科学证据概念的周延性，域外学者则更加倾向于将科学证据的表现形式限缩在言词证据范围内。①即便是未对科学证据进行明确界定，在其论述过程中，也将科学证据限于言词形式。②综上所述，基于对国内学者关于科学证据内涵的主要分歧点的分析与重新厘定，本书将科学证据定义为：在司法实践中，专业人员依据科学技术理论与方法对争议事实进行主观推论与判断所形成的言词证据。③

（二）科学证据的外延

基于上文对科学证据内涵的界定，理论上，任何专业人员依据科学技术理论与方法对争议事实进行主观推论与判断所形成的证据，均应纳入科学证据范畴。然而，由于对科学证据中"证据"的理解存在差异，国内学者对科学证据外延的界定同样出现一定程度的分歧。④基于对科学证据内涵的界定，以及我国诉讼法所规定的证据方

---

① Black B. A unified theory of scientific evidence [J]. Fordham Law Review, 1987, 56: 595.

② Dewitt J S, Richardson J T, Warner L G. Novel scientific evidence and controversial cases: a social psychological examination [J]. Law & Psychology Review, 1999, 21: 1.

③ 此处所称"事实"，包含案件事实与证据事实。

④ 基于实证研究之目的，此处对科学证据外延的界定仅限于我国司法语境之中。

法，对于科学证据的外延，国内学者主要围绕鉴定意见形成不同的看法。在言词证据范围内，部分观点认为，科学证据限于言词证据，但不限于仅在诉讼法中明确列举的证据方法。在我国司法实践中的科学证据除鉴定意见外，还包括检验报告、专家辅助人意见等。①而另一部分观点则认为，科学证据限于诉讼法明确列举的言词证据，且科学证据中的"科学"与鉴定意见中的"专门知识"等同，因而科学证据的外延等同于鉴定意见。② 换言之，基于我们对科学证据内涵所作出的界定，可以明确，当前关于科学证据外延所存在的观点争议核心主要在于：是否应当将科学证据外延扩展至诉讼法所明确列举的证据方法之外。

在我国相关证据规范及司法实践中，除鉴定意见外，专家辅助人意见以及检验、检测、评估报告等，从本质上而言都属于专业人员依据科学技术理论与方法对争议事实进行主观推论与判断而形成的。然而部分学者在认可鉴定意见完全属于科学证据的基础上，未将该部分信息材料纳入科学证据范畴。但我们认为，只要符合上文所界定的科学证据内涵，且有相关规范性文件确认可作为证据使用的相关信息材料，均应纳入科学证据范畴。如此，才能更加符合科学证据概念提出与界定之目的。具体而言，科学证据作为科学技术发展的产物，其与常识证据的差别不仅在于证据本身，更在于证据的审查认定中。③ 即科学证据的评价标准包含与一般证据的评价标准一致的一般评价标准，以及针对具体科学证据的特殊评价标准。④因而，从当前存在的国内研究成果中可以看出，对于科学证据内涵与外延的界定，

---

① 朱晋峰. 以审判为中心诉讼制度改革背景下科学证据审查的困境及出路［J］. 法律适用，2018（13）：113-123.

② 苏青. 鉴定意见概念之比较与界定［J］. 法律科学（西北政法大学学报），2016，34（1）：154-161.

③ 刘振红. 论科学证据对常识证据的超越［J］. 山东社会科学，2011（11）：85-89.

④ 何家弘. 刑事诉讼中科学证据的审查规则与采信标准［M］. 北京：中国人民公安大学出版社，2014：14-23.

更多的是为了在明确科学证据本身所具有的特殊性基础上，对科学证据审查相关理论与规范进行论述，并旨在促进制度规范的完善以及实践审查水平的提升。且如上文所提及的，大多数域外研究者，甚至略过概念界定直接以列举方式论述科学证据审查的相关理论与规范，进而提出针对关于司法实践中科学证据审查完善的意见与建议。申言之，科学证据作为学理概念，被提出之目的，在于强调该类证据在审查过程中所存在的特殊性，进而提升证据审查行为的水平与规范性。故此，具体到司法实践中，既然符合科学证据的内涵，相应的证据审查理论与规范即具有其特殊性，需要从理论与规范层面对法官的证据审查行为进行指引，以实现对证据审查规范性以及事实认定准确性的提升。因此，在我国司法实践中，诉讼法明确列举的证据方法，以及相关司法解释和规范性文件规定可作为证据使用的信息材料，只要符合科学证据内涵的，均属于我国司法语境中的科学证据。具体到本研究所涉及的民事诉讼领域中，可归为科学证据的主要有以下两种。

1. 鉴定意见

鉴定意见是学界最为认可，也是应用与讨论最为广泛的一类科学证据。虽然存在少数观点认为，科学证据虽然限于言词证据，但科学证据中的"科学"范围小于鉴定意见中的"科学技术或者专门知识"。因而，科学证据在我国司法语境中属于鉴定意见，但其外延较鉴定意见要小，即并非所有鉴定意见都应被归为科学证据。[①]但根据上文对科学证据内涵的界定，科学证据应做广义理解，鉴定意见应全部归为科学证据。

2. 专家辅助人意见

由于相关制度规范过于原则化，专家辅助人意见的证据资格长期以来存在较大争议，但根据《最高人民法院关于适用〈中华人民共和

---

① 梁坤. 社会科学证据研究［M］. 北京：群众出版社，2014：17-21.

国民事诉讼法〉的解释》（以下简称《民诉法解释》）的规定，专家辅助人意见视为当事人陈述，即可认为其证据资格得到确认。① 故此，依据上文对科学证据外延的界定，应当将专家辅助人意见纳入科学证据范畴。在实践中，与司法鉴定管理制度相配合，由未取得司法鉴定人资格的专家所出具的书面、口头意见，都应当归属于专家辅助人意见。②

二、科学证据可靠性

可靠性（reliability）一词具有多种含义，其所体现的具体含义取决于我们使用该术语的目的。在科学证据审查语境中，可靠性不是科学测试或客观标准，而是意味着对科学证据的价值判断。③基于本法域内针对科学证据审查认定所设立的专门性规则，以英美法系为代表的学者均认为可靠性系科学证据所应具备的重要属性之一。基于对英美法系证据可采性规则的研究，国内学者也普遍认可，与传统证据审查过程中应予注重的证据属性不同，对科学证据的审查应尤其注重其可靠性。④ 基于实现对科学证据的有效审查之目的，域内外学者对科学证据可靠性概念的表述应该说形成了比较统一的观点，即科学证据可靠性指的是专家检验或鉴定所依据的原理和方法是否具有科学有效性（效度）和科学可重复性（信度）及科学原理和方法是否能正确地适用于案件事实。⑤ 然而，结合学界已有观点，至少还

---

① 当然，即便是《民诉法解释》规定将专家辅助人意见视为当事人陈述，仍有学者认为不应当将其解读为对专家辅助人意见证据属性的赋予。参见沈明磊，董蕾蕾. 民事诉讼专家辅助人制度适用问题研究 [J]. 法律适用，2017（1）：78-83.

② 陈邦达. 鉴定意见审查认证规则及配套机制的优化 [J]. 法学，2023（9）：142-155.

③ Moenssens A A. Admissibility of scientific evidence: an alternative to the Frye Rule [J]. William & Mary Law Review, 1983, 25: 545.

④ 关于证据属性，因证据基本理论非本文论述之要点，本文直接采用"三性"说，即合法性、真实性与关联性。

⑤ 刘晓丹. 科学证据可采性规则研究 [J]. 证据科学，2012，20（1）：21-32.

应对以下三个方面进行探讨，以进一步明确科学证据可靠性的概念及其在我国司法语境中的具体表征。

其一，可靠性与有效性（validity）的区分。在对科学证据进行讨论时，可靠性与有效性经常被同时提及，甚至有部分学者混用有效性与可靠性。[1]但实际上，有效性和可靠性是截然不同的概念，应将二者予以严格区分。具体而言，人们在描述理由或理论时，通常会说"有效"而非"可靠"；当描述工具或者机器时，则倾向于使用"可靠"而不是"有效"。然而，当涉及结果、结论或者技术时，人们则既可能使用"有效的"也可能使用"可靠的"予以形容。具体到科学证据审查认定语境中，可靠性意味着对于特定情况来说，成功的结果或正确的答案是非常具有证明力的。如棒球运动员在40%的时间内击中，则可以认为其是一个非常可靠的击球手，但是90%的时间里均能正确检测被测试者说谎的测谎设备，仍有可能被认为不够可靠而无法在审判中使用。与可靠性相反，有效性意味着由扎实并有说服力的推理所产生的结果。无效的结论不可靠，但有效的推理并不一定能得出可靠的结论。"可靠性是最终的法律问题"，但当它取决于有争议的推理时，必须解决推理的有效性。[2]

其二，科学证据可靠性为程度性概念。作为科学证据可采性判断标准之一，可靠性决定了特定科学证据是否可以被指定案件所采纳。基于此，大部分学者及司法实践人员均认为可靠性本身为二元概念，即一项科学证据要么是可靠的应被采纳，要么是不可靠的而不应被采纳。而实际上，科学证据的可靠性所涉及的应是程度性问题，司法实践中的诉讼参与人员应摒弃二元化的，即全有或全无的可靠性概念。[3] Daubert规则确立的科学证据可采性评判的具体标准，本质上

---

① 黄维智. 鉴定证据与科学：对鉴定证据之反思 [J]. 四川大学学报（哲学社会科学版），2005（1）：120-127.

② Black B. A unifed theory of scientific evidence [J]. Fordham Law Review, 1987, 56：595.

③ Nance D A. Reliability and the Admissibility of Experts [J]. Seton Hall Law Review, 2003, 34：191.

都指向对程度的评价。[①] 首先，被用于形成最终结论的科学理论或技术是否可以（并且已经）被重复属于程度问题。优秀的科学家都知道，结果的可重复性是科学方法的重要组成部分。那么，如果只进行过一次测试，是否就可以认为一项方法或技术得到重复呢？或者说进行更多次测试会更加能确信一项方法或技术得到了重复呢？答案很明显，一项方法或技术是否得到有效重复应该取决于测试的质量和数量。也正因为如此，测试的概念得以明确，是否被重复是一个程度问题，更多的测试优于较少的测试；在其他条件不同的情况下，与特定命题更密切相关的测试优于关联性较弱的测试。其次，如果服从同行评审和出版的要求是一个重要因素，那么评审专家或出版物与指定方法或技术的相关度以及该方法或技术被评审专家的认可程度均会影响对可靠性的认定。并非所有出版物和评审专家均在研究领域上密切相关，出版物或评审专家与指定方法或技术的相关程度当然与评估其可靠性程度有关。并且，不应该将同行评议作为认定可靠性的试金石，即将同行评议的接受程度以 50% 为界限划分为接受与不接受。相反，更好的方式应是，审判人员根据同行评议中评审专家对于指定方法或技术的认可程度来评定其可靠性程度。最后，"错误率"属于典型的程度问题。我们并不必须知道特定技术的错误率。即便可以知道确切的错误率，也并不意味着该方法或技术在可靠性判断中得到"是"的答案。相反，必须将这个问题予以转化，即在法院拒绝该技术之前查询已知错误率的高低是无益的。错误率是一个"有多高就算太高"的问题，而不是"是或否"问题。即应根据错误率大小来决定可靠性程度，而不是决定可靠性的有无。

其三，从证据属性角度看，可靠性系真实性的维度之一，且是科学证据本身应否作为定案依据的决定性因素。依据 Daubert 规则，科

---

① 应该说，Daubert 规则对于科学证据研究的影响并不局限于美国，我国学者对于科学证据审查规则的研究也基本围绕该规则展开。

学证据应具备相关性与可靠性两个属性。①而基于我国传统证据学理论对证据属性的描述，证据的基本属性应包含合法性、真实性与相关性。因而，可靠性作为舶来概念，从直观含义与表征来看，其与我国传统理论所认可的证据属性并不存在明确的对应关系。虽然，在基于我国司法语境展开对科学证据可靠性讨论时，可靠性与真实性之间呈现出千丝万缕的联系，也有学者在某种意义上将科学证据的可靠性与真实性予以等同。②但实际上，当借鉴将真实性划分为"形式真实"与"内容真实"的二分法，③并结合我国司法实践中科学证据的具体形态时，科学证据可靠性对应的应是真实性中的"内容真实"。具体而言，以鉴定意见为例，我国司法实践中的鉴定意见均以书面形式呈现，"形式真实"要求鉴定意见的外在表现形式是客观真实的，而"内容真实"则要求鉴定意见书中所承载的具体内容是客观真实的。进一步而言，鉴定意见的内容真实性具体体现在三个方面。一是委托鉴定的事项符合鉴定的条件，能够进行客观的科学鉴定；二是鉴定所依据的标准和方法达到科学的准确可靠；三是分析合乎逻辑，结论真实可信。④据此，可以得知，鉴定意见的内容真实性内涵与科学证据可靠性内涵基本一致。申言之，在我国司法语境中，科学证据的可靠性系真实性的维度之一，即内容真实性。然而，需要强调的是，对于科学证据而言，形式真实并不属于科学证据本身应否作为定案依据的决定性因素。因此，在科学证据审查认定维度中，真实性与可靠性在本质上是统一的。也即，对于科学证据真实性的判定即是对科学证据可靠性的判定。

---

①　邱爱民，杨宏云. 论美国科学证据可采性的多伯特规则及其前因后果 [J]. 江海学刊，2012（3）：140-146.

②　何家弘教授指出："虽然科学证据也要进行合法性审查和关联性审查，但是最主要的还是真实性审查或科学可靠性审查。"可以认为，真实性与可靠性在一定程度上被视为等同概念。参见何家弘. 刑事诉讼中科学证据的审查规则与采信标准 [M]. 北京：中国人民公安大学出版社，2014：14-23.

③　何家弘. 新编证据法学 [M]. 北京：法律出版社，2000：10.

④　邱爱民. 科学证据基础理论研究 [M]. 北京：知识产权出版社，2013：232.

第二章 民事科学证据可靠性认定的 "说服" 模型

从普遍意义上而言，决策行为本身是一个固有的生物过程，涉及感知、大脑以及行为之间的联系，并与其他人和外界存在交互。[①] 作为特定的行为主体，审判人员实施的具体决策行为可能受到来自其所处社会背景与环境中各种因素的影响。[②] 因而，对于审判人员的决策行为，应首先从普遍意义上认识与理解其在决策过程中的应然心理活动过程。与此同时，作为具体的司法裁判行为，审判人员对于科学证据的审查认定必然受到相关制度规范的约束与指引。对于审判人员在决策过程中的心理活动解析，还需要限定在特定的制度框架下。故此，本章主要基于相关行为心理学理论基础，在我国科学证据审查认定的制度框架下，展开民事科学证据可靠性认定中应然决策模型的分析与建构。

一、"说服" 视域下科学证据可靠性认定的理论路径

科学证据是在司法程序中存在的最具典型性的复杂信息，审判

---

① Beecher-Monas E. Evaluating scientific evidence: an interdisciplinary framework for intellectual due process [M]. Cambridge University Press, 2007: 171.

② Saks M J, Wissler R L. Legal and psychological bases of expert testimony: surveys of the law and of jurors [J]. Behavioral Sciences & the Law, 1984, 2 (4): 435-449.

人员关于科学证据审查认定的决策模式，相对于案件整体层面以及其他具体信息的决策模式具有明显的特殊性。① 正是基于该种特殊性，心理学以及法学研究人员已就审判人员决策行为提出了包括数学方式（the mathematical approach）和认知方式（the cognitive approach）在内的诸多类型的决策模型。② 但从现有研究成果来看，无论是理论分析与阐述，还是对于审判人员决策行为的实证检验都表明，能有效实现对审判人员关于科学证据审查认定决策行为的分析和预测的，应属基于认知心理学中说服理论（Persuasion Theory）提出的相关信息处理模型。对于本研究而言，说服理论相关模型中关于认知能力对审判人员决策行为的影响机制的构建与阐述，与构建审判人员关于民事科学证据可靠性认定的应然决策模型的目的完全契合。

（一）说服情景中的决策路径

在科学证据审查认定过程中，由于作为非专业人士的审判人员在日常和法律环境中推理科学问题的能力十分有限，诉讼参与者及社会公众对审判人员无法有效判断科学证据中涉及理论与方法以及该部分理论与方法的具体应用的质疑一直存在。如果诉讼参与者及社会公众的质疑确实成立，那么出于及时裁判的需求，审判人员如何在缺乏相应认知能力的情况下实现科学证据可靠性判断呢？基于认知心理学中说服理论所提出的信息处理模型，为我们提供了一个急需的理论框架，用以预测审判人员在法庭上面对科学证据时如何作出决定，从而可为后续的实证检验，尤其是科学证据可靠性认定中审

---

① Cooper J, Bennett E A, Sukel H L. Complex scientific testimony: how do jurors make decisions? [J]. Law and Human Behavior, 1996, 20 (4): 379-394.

② Brewer N, Williams K D. Psychology and law: an empirical perspective [M]. Guilford Publications, 2017: 365-406.

判人员决策潜在影响因素的确定提供理论指引。

说服被定义为通过论据或理由影响他人思想的行为，它是将另一个人的意志引向特定选择或行为过程的艺术。[①] 关于说服理论的系统思考，至少可以追溯到公元前 5 世纪，且多年以来受到诸多学者的持续关注。但直到 20 世纪初期，社会科学研究方法大力发展，才为说服理论的进一步研究提供了新的道路。而关于说服理论的社会科学研究，一般认为最早始于耶鲁大学学者 Carl Hovland。[②] Carl 在二战结束后便开始其关于说服理论的系统研究，经过对说服理论多个主题的研究，Carl 及其同事在说服理论研究方面取得了丰厚的成果。经过多年的发展，诸多领域均开展了与说服理论相关的研究，几乎所有的社会科学以及其中存在关于社会科学问题与方法的应用领域，均存在关于说服理论的研究。而相关的研究成果则被应用于人类生活的方方面面，当然，也包括本研究所涉及的司法领域。

根据说服理论，在最一般的层面上，被说服者决策的形成具有两种基本路径。一种路径是基于对问题核心思想的深思熟虑，被说服者作出最终的决策。在该途径中，决策者主要考量的是信息本身所包含的内容。而另一种路径是基于情感联想或与说服语境中的外围线索相关的简单推论，被说服者作出最终的决策。在该路径中的外围线索，则主要是指除信息本身所包含的内容以外的其他信息，如信息提供者的可信度等。与此同时，被说服者对于决策形成路径的选择，主要受被说服者处理信息的动力与其认知能力影响。其中，被说服者处理信息的动力，受包括被说服者自身与信息的相关度、被说服者自身的责任以及认知需求在内的相关因素影响。而被说服者处理信息的能力，则受到包括注意力、知识储备等在内的因素影响。当被说服者处理信息的动力与其对于信息的认知能力均较高时，被说服者通过

---

① Costopoulos W C. Persuasion in the Courtroom [J]. Duquesne Law Review, 1972, 10: 384.

② Riley M W, Hovland C I, Janis I L. Communication and persuasion: psychological studies of opinion change [J]. American Sociological Review, 1954: 355-357.

第一种路径决策。当被说服者处理信息的动力与其对于信息的认知能力任一或均较低时，则通过第二种路径决策。①

基于两种不同的决策路径，学者们进一步提出了精化似然模型（ELM）和启发式系统模型（HSM）两种反映决策者如何处理信息的具体模型。两种模型都指出，人们通常希望保持正确的态度，并愿意付出不同程度的认知努力来实现这一目标，但两种模型在具体决策路径的表述上存在一定的差异。两种不同的决策形成路径在 ELM 模型中被表述成中央路径（central route）与外围路径（peripheral route），而在启发式系统模型中则被表述为系统路径（systematic route）与启发式路径（heuristic route）。综合两种模型来看，中央路径与系统路径对于所获取信息的处理，是非常努力的认知活动，旨在仔细分析说服性消息的具体内容。如果说服性消息包含有效的高质量参数，则该消息比包含无效或弱参数的说服性消息更容易使说服对象作出相应决策。外围路径与启发式路径对于所获取信息的处理，在认知上付出的努力则比中央路径和系统路径更少，并且需要使用心理快捷方式或决策规则来评估说服性消息。与信息来源相关的包括专业程度、个人喜好和说服对象对于信息的参与度以及与消息相关的提示（例如参数的长度或数量）等因素均可能对外围路径与启发式路径中对说服性消息的评估产生影响。②

然而，需要强调的是，尽管中央路径与外围路径在理论与概念上能被较为明确地区分，但实际上，二者是存在较为深刻的内在联系的。在具体实践中，两种路径的绝对独立，也只出现在较为理想的情境中。在更多的情境中，中央路径与外围路径之间都存在较为复杂的

---

① Chaiken S. Heuristic and systematic information processing within and beyond the persuasion context [J]. Unintended Thought, 1989: 212-252.

② Chaiken S. Heuristic versus systematic information processing and the use of source versus messagecues in persuasion [J]. Journal of Personality and Social Psychology, 1980, 39: 752-766.

相互联系。① 换句话说,在具体实践中,中央路径与外围路径在同一说服情境中可能同时存在。② 具体而言,部分实证检验结果表明,当决策所针对的任务的重要程度较低,即决策者相对的认知动力较低时,启发式路径会单独影响决策者的态度;当决策所针对的任务的重要程度较高,且说服性信息所包含的具体内容相对于决策者而言较为明确时,中央路径与外围路径会相互独立地对决策者的态度产生影响;而当决策所针对的任务的重要程度较高,但说服性信息所包含的具体内容对于决策者来说并不十分明确时,两种路径则均会对决策者的态度产生影响。③

在司法实践语境中,审判程序中的推理,即说服的官方含义。在具体的诉讼程序中,当事人双方、代理人以及出庭陈述的证人等都极力尝试去说服作为中间裁判者的审判人员。而审判人员则要决定在相互冲突的说法中,哪些说法是令人信服的。④ 故此,审判人员基于审判程序所作出的决策,即是说服过程的产物。⑤ 具体到科学证据审查认定中,提供科学证据的技术人员即为说服者,科学证据本身则是一项说服性消息,审判人员则是被说服对象。提供科学证据的技术人员试图通过提供科学证据,来说服审判人员认可其所提出的专业意见并最终促使审判人员将科学证据本身所包含的具体内容作为事实认定的依据。也即,说服审判人员作出关于科学证据的证据能力与证明力的决策。然而,科学证据系由专业人员依据科学技术理论与方法

---

① 为便于表述,后文对于依据说服性消息的具体内容作出决策的路径统称为"中央路径",与之相对的路径则统称为"外围路径"。

② O'Keefe D J. Elaboration likelihood model [J]. The International Encyclopedia of Communication, 2008: 1475-1480.

③ Chaiken S, Maheswaran D. Heuristic processing can bias systematic processing: effects of source credibility, argument ambiguity, and task importance on attitude judgment [J]. Journal of Personality and Social Psychology, 1994, 66 (3): 460.

④ Diamond S S. How jurors deal with expert testimony and how judges can help [J]. Journal of Law and Policy, 2007, 16: 47.

⑤ Redmount R S. Persuasion, rules of evidence and the process of trial [J]. Loyola of Los Angeles Law Review, 1971, 4: 253.

对争议事实进行主观推论与判断所形成，科学证据实体内容中所包含的专业性知识与信息是否在审判人员的认知能力范围之内，还存在较大的不确定性。并且，由于科学证据所体现出的专业性，在具体案件审理过程中，审判人员是否有足够强烈的意愿以及足够的能力对科学证据所包含的实质性内容进行审查，同样具有不确定性。故此，依据说服理论，基于科学证据本身所蕴含内容的复杂性与专业性，审判人员会根据自身的认知水平以及认知需求等因素，选择不同的决策路径。①

（二）科学证据可靠性认定决策路径的选择

如上文所述，基于科学证据本身所蕴含内容的复杂性与专业性，审判人员会根据自身的认知水平以及认知需求等因素，选择不同的决策路径。通过中央路径进行信息处理，相比于外围路径，决策者需要投入更多的精力，付出更多的努力。因此，通过中央路径进行信息处理，首先要求决策者有足够的动力选择，其次要求决策者具有通过中央路径进行信息处理的认知能力，且二者对于是否能够通过中央路径进行决策具有同等重要的决定作用。② 与此同时，基于审判人员所具有的相同审判职责及所处的中立性地位，在司法语境中，审判人员作为被说服者，其自身与信息的相关度及其所负有的责任应是基本相同的。因此，审判人员的认知动力主要由其认知需求等级决定。申言之，在科学证据可靠性认定中，审判人员决策路径选择的内在决定因素主要是认知需求与认知能力。

认知需求是一种重要的人格特征，即"个体参与和享受思考的

---

① Cooper J, Bennett E A, Sukel H L. Complex scientific testimony: how do jurors make decisions? [J]. Law and Human Behavior, 1996, 20 (4): 379-394.

② Petty R E, Cacioppo J T. The elaboration likelihood model of persuasion [J]. Advances in Experimental Social Psychology, 1986: 123-205.

倾向"，即个体在面对认知任务时，是否愿意主动思考，以及是否喜欢思考。① 依据 Cacioppo 和 Petty 所构建的认知需求量表（the need for cognition scale），认知需求对个体决策的影响具体表现为，依据认知需求量表评分，得分较高的个体自然倾向于寻求、获取和思考信息，以了解周围的世界，而低得分的个体则倾向于依赖其他认知度较低的信息获取方法（例如，采用他人的意见、使用认知启发式、参与社会比较过程）。② 而对于导致认知需求在个体间差异的因素，依据后续研究成果，则证实至少包含智力水平（intelligence）、探索需求（the experience seeking）等。③ 在关于说服理论的探讨中，认知需求量表上得分较高的个体，显示出更加关注中心线索的趋势（即论证质量），即通过中央路径作出最终决策。而得分相对较低的个体，则通常关注外围线索的趋势，例如消息来源的外在吸引力；④ 或者包含在消息中与论点质量无关的大量论据，即通过外围路径作出最终决策。⑤ 与审判人员特别相关的研究成果则主要认为，认知需求得分较高的审判人员被证实在说服性交流中，相比于低得分的审判人员更加注重相关信息的质量。也就是说，虽然低得分的审判人员同样可能被强或弱论证所说服，但高得分的审判人员只有在针对一个观点所提出的理由是可靠的或者可以被证成的情况下，才会确信该观点是"正确的"。当诉讼参与者被明确要求评价论证的质量时，较之于低得分参与者，高得分参与者更倾向于依据说服性信息的质量来作出评价。具体到科学证据的审查认定中，已有研究成果也表明，认知

---

① Cacioppo J T, Petty R E. The need for cognition [J]. Journal of Personality and Social Psychology, 1982, 42（1）：116.

② Cacioppo J T, Petty R E. The need for cognition：relationship to attitudinal processes [J]. Social Perception in Clinical and Counseling Psychology, 1984, 2：113-140.

③ Sadowski C J, Cogburn H E. Need for cognition in the big-five factor structure [J]. The Journal of Psychology, 1997, 131（3）：307-312.

④ Cacioppo J T, Petty R E. The need for cognition：relationship to attitudinal processes [J]. Social Perception in Clinical and Counseling Psychology, 1984, 2：113-140.

⑤ Chaiken S. The heuristic model of persuasion [M] //Social influence. Psychology Press, 2014：3-39.

需求可以影响审判人员的判断及其对专家证据的反应。如 Bornstein 通过模拟实验验证了认知需求得分低的审判人员会给予专家证词更多的信任。[1] McAuliff 和 Kovera 则通过模拟实验验证了认知需求会影响陪审员对专家证据中方法缺陷的敏感性。而分析方法作为影响科学证据可靠性的实质信息，认知需求差异所造成的方法缺陷敏感性差异，即说明了认知需求确实影响到了审判人员对于科学证据审查认定的方式。[2]

认知能力，相对于认知需求，从概念和内涵上都更加直观。其作为说服语境中决策路径选择的决定因素，主要受决策者先验知识储备影响。但同时，至少还有信息的复杂程度、审判人员专注度以及信息的重复呈现次数等个案中的具体因素对决策的认知能力起到调整作用。[3] 具体到科学证据可靠性认定中，除先验知识储备是在对具体科学证据进行审查前已经确定，且在审查过程中基本无法改变外，其他认知能力影响因素都是在审查过程中可能产生变化的。换句话来说，审判人员在科学证据可靠性认定中所具有的整体认知能力并不是绝对的，而是可以在决策路径选择过程中，根据科学证据审查所处的具体环境得到调整的。如可以通过降低科学证据信息内容呈现的复杂性程度，或者多次对科学证据所包含信息内容进行展示及陈述，来提升审判人员的相对认知能力。

---

① Bornstein B H. The impact of different types of expert scientific testimony on mock jurors' liability verdicts [J]. Psychology, Crime & Law, 2004, 10 (4): 429–446.

② McAuliff B D, Kovera M B. Juror need for cognition and sensitivity to methodological flaws in expert evidence [J]. Journal of Applied Social Psychology, 2008, 38 (2): 385–408.

③ Petty R E, Cacioppo J T. The elaboration likelihood model of persuasion [M] // Communication and Persuasion. Springer, 1986: 1–24.

二、"说服"视域下民事科学证据可靠性
认定的制度基础

依据以说服理论为基础的信息处理模型，审判人员关于科学证据可靠性认定的决策可能在不同路径之间进行选择或切换。然而，司法实践中的证据评价，作为特殊的认知活动，除受人类普遍认知规律影响外，还必然受到特定证据制度的限制与指引。相关证据规则，以及针对科学证据的特殊规则，可能对审判人员的具体审查行为，甚至是决策过程中需要考量的具体因素作出明确规定。申言之，对于审判人员而言，其是否具有选择不同决策路径的"自由"，还需要在具体的制度体系中予以探讨。

（一）民事科学证据可靠性认定中的证据评价原则

依据传统证据学观点，以证据评价原则为依据，人类历史上共经历了神示证据制度、法定证据制度以及自由心证证据制度，并通过法定证据制度与自由心证制度的相互融合而形成了目前占主导地位的现代自由心证制度。[①] 基于实证研究目的，虽不需要对我国证据评价原则进行厘定，但有必要基于现有观点及现行证据制度明确我国证据评价所遵循原则的实然状态，尤其是审判人员在证据评价过程中所具有的自由裁量空间，以更好地理解我国司法实践中审判人员证据评价行为的应然选择。

[①] 对于现代自由心证制度的具体表述，学界存在较大差异，但在本质上均认为该阶段的证据制度属于法定证据制度与自由心证制度相互融合的结果，即在承认法官自由心证的基础上制定一定的证据规则以限制法官对自由裁量权的使用。

1. 证据制度的嬗变与我国证据制度的选择

在人类历史上已经经历的证据制度中，法定证据与自由心证这对相互对立的概念对现代证据制度的形成造成了较为深刻的影响。尤其是自由心证原则，更是受到了广泛的支持与肯定。依据自由心证的概念，对于诉讼过程中的证据评价，法律不预先对证据的取舍、证据证明力的有无大小作出规定，而是完全将其交由审判人员依据自己的"良心"和"理性"自由判断。而与之相对应的法定证据，则要求法律预先对如何进行证据评价作出明确规定，审判人员必须严格依照既定的规则对证据进行评价。可以说，两种证据制度的出现与发展均具有其各自的时代背景与需求。但随着人类社会的不断发展与进步，法治理念及制度的不断演变，两种证据评价原则均随之体现出一定的局限性，从而进一步体现出相互融合的趋势。[1] 据此，在法定证据制度与自由心证的基础上，学者开始提出"现代自由心证"与"现代法定证据"等新的理论与概念。[2] 而基于对自由心证制度的肯定与青睐，国内学者则更多地对"现代自由心证"展开探讨。提出"现代自由心证"观点的学者认为，传统自由心证制度给予审判人员在证据评价方面的自由裁量权限超过了必要限度，会在一定程度上导致诉讼参与人程序利益受损等负面效应的出现，因而需要通过制定相应的证据规则来对审判人员自由心证的过程进行一定程度的限制。[3] 与此同时，"现代法定证据"观点则认为，对于具体证据的评价应结合其所处的案件环境，且人类社会处于不断发展与变化中，严格规定证据的证据能力与证明力不具备合理性与可行性，需要

---

① 陈学权. 科技证据论：以刑事诉讼为视角［M］. 北京：中国政法大学出版社，2007：278-311.

② 黄斌. 自由心证的历史嬗变及其中国命运［J］. 厦门大学法律评论，2002（1）：123-159.

③ 王颖. 揭开自由心证的面纱：德国意涵与中国叙事［J］. 比较法研究，2024（6）：102-117.

给予审判人员一定的自由裁量空间与权限。① 虽然两种观点提出的制度基础与价值考量存在一定的区别，但两种观点均不否认审判人员在证据评价过程中既要遵守一定的法定证据规则，也具有一定的自由裁量权。

而关于我国证据制度的选择，学界普遍认为，现有证据制度存在既不同于法定证据制度也不同于自由心证制度的特殊性，但同时也与两种制度，尤其是自由心证制度存在一定的共性。② 在具体表现形式上，我国现行证据制度既没有设置以限制和约束法官在证据审查方面的自由裁量权限为目的的详尽证据规则，也未从证据方法的角度制定作为审判人员心证基础的详细程序性规定，而是"以粗线条的方式在大框架范围内制定了若干证据规则，并在此基础上赋予法官极大的自由裁量权"③。总体而言，我国现行法律制度中对于证据评价的规范，具有法定与自由心证两重属性。④当然，基于不同诉讼程序对审判人员事实认定要求的不同，在法定与自由心证，尤其是自由心证的适用范围上存在一定的差异。对于证明力的评价，无论在何种诉讼领域审判人员均具有自由裁量的权限；而对于证据能力的判断，则只在民事诉讼中审判人员才具有自由裁量的权限。⑤ 而具体到民事诉讼领域，最高人民法院于 2001 年发布的《关于民事诉讼证据的若干规定》以及现行《最高人民法院关于适用〈中华人民共和国

① 郑飞. 证据种类法定主义的反思与重构 [J]. 中国法学，2024（1）：105-123.

② 学界对于我国证据制度与自由心证制度之间共性的认可表现为，直接认可自由心证在我国司法实践中的存在，以及在对我国制度进行表述的过程中使用"自由心证"及相关概念。参见王洪礼. 民事诉讼证据简论侧重效率维度 [M]. 北京：中国检察出版社，2007：205；张卫平. 自由心证原则的再认识：制约与保障：以民事诉讼的事实认定为中心 [J]. 政法论丛，2017（4）：14-21.

③ 王铁玲，陆而启. 证据能力：民事证据规则建构的理论支点 [J]. 宁夏大学学报（人文社会科学版），2002（5）：58-64.

④ 熊晓彪. 证据评价的自由与规范法理 [J]. 中国政法大学学报，2023（4）：225-241.

⑤ 部分学者虽然秉持证据能力判断不属于自由心证范围之观点，但基于诉讼机制等方面的差异，该部分学者也不否定证据能力判断中可能存在自由裁量。参见张卫平. 自由心证原则的再认识：制约与保障：以民事诉讼的事实认定为中心 [J]. 政法论丛，2017（4）：14-21.

民事诉讼法〉的解释》（以下简称《民诉法解释》）均规定通过提出"运用逻辑推理和日常生活经验法则"等要求来规范审判人员的证据思维与证据运用反映的证据思维一般原则，与自由心证的典型法律表述大体一致，因而在一定程度上被认为是对自由心证制度的肯定。①

2. 民事科学证据可靠性认定中的法定与裁量

基于科学证据自身属性的特殊性，在遵循一般证据评价规律的基础上，对科学证据的评价还具有一定的特殊性。也即，关于科学证据的评价标准应包含与一般性证据评价标准一致的一般评价标准，以及专门针对具体科学证据的特殊评价标准。具体而言，科学证据评价主要体现出以下两个方面的特殊性，并据此形成关于科学证据审查认定的特殊性证据规则。

一方面，科学证据可靠性的认定具有相对性。完整意义上的科学证据可靠性应当主要包括两个方面。其一，逻辑和方法在科学上有效，即"有效性"；其二，有效的逻辑和方法被适当地运用，即"适当性"。② 换言之，科学证据可靠性认定的一个首要任务，便是判断该科学证据所依据的科学原理与知识是否是"有效的"，是否真正有助于审判人员发现案件真相，而不是"伪科学"。③ 然而，科学发展自身是一个自我否定的过程，从而导致"伪科学"本身具有相对性。也即，特定阶段的"真科学"经过发展变化之后在另一个特定阶段也许会成为"伪科学"，并且两个阶段的时间跨度可长可短。也正是基于科学发展的这一规律，对于科学证据可靠性的判断，相对滞后的法律规范不可能就此作出详细规定。因此，科学证据可靠性认定本身

---

① 廖永安. 民事证据法学的认识论与价值论基础 [M]. 北京：中国社会科学出版社，2009：199.

② 邱爱民，杨宏云. 论美国科学证据可采性的多伯特规则及其前因后果 [J]. 江海学刊，2012（3）：140-146.

③ 徐静村，颜飞. 通过程序弥合知识的鸿沟：论科学证据对刑事审判的挑战及应对 [J]. 中国司法鉴定，2009（2）：1-6.

具有一定的相对性，针对科学证据可靠性认定所设立的证据规则不可避免地应当允许法官通过行使其自由裁量权，进而结合当时科学发展现状来实现对于科学证据可靠性的有效判断。

另一方面，科学证据可靠性认定主要涉及证明力判断。为防止"伪科学"的科学证据被展示在陪审团眼前，以致影响陪审团对于案件事实的判断，以美国为代表的英美法系证据规则将可靠性作为科学证据可采性的判断标准，也即此时科学证据可靠性主要影响其证据能力。然而在我国司法语境中，可靠性所影响的不仅仅是科学证据的证据能力，同时也影响其证明力。① 并且，由于可靠性在我国司法语境中主要对应的是证据的真实性，因而科学证据可靠性更多地是影响其所具有的证明力。② 另外，支持将我国证据审查划分为采纳与采信两个阶段的学者也认为，科学证据可靠性的审查认定应主要属于证据采信阶段的工作。③ 而依据将证据审查认定分为采纳与采信两个阶段的观点，区分证据采纳与采信的基础在于理论上关于证据能力与证明力的区分，其中采信阶段对应的是审判人员对证据所具有的证明力的认定。④ 据此可以认为，科学证据可靠性判断主要是对于科学证据所具有的证明力的判断。进而，如普遍观点所认同的，对于特定证据所具有的证明力的判断，应结合具体案情进行综合考量，因而证明力判断不应事先制定过于详细的证据规则，而应由法官通过充分行使其自由裁量权来实现关于证明力判断的内心确信。⑤ 申言之，对于科学证据可靠性的评价，法官理应具有较大的自由裁量

---

① 杨宏云，邱爱民. 论鉴定结论作为科学证据的证明价值要素 [J]. 江海学刊，2011（2）：221-227+239.

② 房保国. 科学证据研究 [M]. 北京：中国政法大学出版社，2012：53.

③ 杨建国. 论科学证据可靠性的审查认定：基于判决书中鉴定结论审查认定的实证研究与似真推理分析 [J]. 中国刑事法杂志，2012（1）：104-120.

④ 何家弘. 证据的采纳和采信：从两个"证据规定"的语言问题说起 [J]. 法学研究，2011，33（3）：138-156.

⑤ 江伟，徐继军. 在经验与规则之间：论民事证据立法的几个基本问题 [J]. 政法论坛，2004（5）：105-113.

权限。

基于上述分析可知，科学证据可靠性评价的特殊性，会在一定程度上使得在制定关于科学证据可靠性认定的证据规则时体现出一定的特殊性。而这一特殊性主要表现在，对于科学证据的可靠性不应规定过于详细的证据规则，以确保审判人员具有足够的自由裁量权限。质言之，与一般证据相比，审判人员在评价科学证据可靠性时理应享有更大的自由裁量权限。

（二）民事科学证据可靠性认定中的证据规则

本质上，我国证据制度模式符合法定与裁量结合的证据制度总体发展趋势。为在必要范围内限制审判人员对其自由裁量权的行使，对于诉讼程序中的证据评价，我国同样制定了相应的证据规则，并在不断尝试完善证据制度。[①]针对民事科学证据，除一般性证据规则外，也存在一定的特殊性规则。

1. 一般性民事证据规则

证据规则，通常系指规范证据的收集、审查和评价等诉讼证明活动准则的总称。对于证据规则分类，可遵循的分类标准多种多样，学界所提出的分类方式也可以说是形式各异。综合学界关于证据规则的讨论来看，较为常用的分类标准为证据规则调整内容，并以此区分为规范证据证明力的规则与规范证据能力的规则两类。按照此种分类，现代各国证据制度中规范证据证明力的规则相对较少，证明力的评价主要由法官通过行使其自由裁量权来形成确信。而规范证据能力的证据规则相对较多，普通法系国家中的证据能力规范规则尤其

---

① 证据规则的制定当然还有除约束自由裁量权行使外的其他目的，但不可否认约束自由裁量权行使是其所需要实现的最重要、最直接的目的。参见易延友. 证据规则的法典化：美国《联邦证据规则》的制定及对我国证据立法的启示 [J]. 政法论坛，2008（6）：80-97.

丰富。① 受大陆法系国家的影响，我国没有像普通法系国家一样设置有严密详尽的证据规则并在证据规则中再设置许多除外规定。具体而言，我国的证据规则是以粗线条的方式规定于三大诉讼法及相关司法解释和规范性文件中。② 对于民事诉讼程序，相关证据规则主要在民事诉讼法及其司法解释中作出规定。综合已有观点关于我国民事证据制度的分析，我国现行法律规范已经作出规定的一般性民事证据规则主要包括司法认知、推定规则、自认规则、非法证据排除规则等。③

关于司法认知，《最高人民法院关于民事诉讼证据的若干规定》（以下简称《民事证据规定》）第 10 条规定，自然规律以及定理、定律，众所周知的事实，根据法律规定推定的事实，根据已知的事实和日常生活经验法则推定出的另一事实，已为仲裁机构的生效裁决所确认的事实，已为人民法院发生法律效力的裁判所确认的基本事实，以及已为生效公证文书所证明的事实，当事人无须举证证明。与此同时，民事诉讼法中也存在相关条款涉及对司法认知的规定，但本质内容与《民事证据规定》第 10 条中的具体规定一致。④ 关于推定规则，《民事证据规定》第 95 条对其进行了规定。依据该条款，一方当事人控制证据无正当理由拒不提交，对待证事实负有举证责任的当事人主张该证据的内容不利于控制人的，人民法院可以认定该主张成立。但需要指出的是，《民事证据规定》所规定的推定仅属于诸多推定形式中的一种，其他类型的推定则可见于相关实体法及规范性文件中，如《中华人民共和国著作权法》中的作者推定。关于

---

① 孙维萍. 证据法学［M］. 上海：上海交通大学出版社，2009：325-328.

② 毕玉谦. 试论民事证据规则［J］. 法律适用，1997（12）：4-7.

③ 根据学界已有观点，我国现行法律规范所确定的民事证据规则还至少包含意见证据规则、传闻规则以及补强证据规则，但由于现行法律规范对于该部分证据规则的规定或针对特定证据方法而不具有一般性，或没有涉及科学证据，因此此处对该部分证据规则不予讨论。参见王洪礼. 民事诉讼证据简论侧重效率维度［M］. 北京：中国检察出版社，2007：309-321.

④ 如无特别说明，下文中《民事证据规定》均系指自 2020 年 5 月 1 日起施行的版本。

自认，《民诉法解释》与《民事证据规定》都有相关规定。《民诉法解释》第 92 条规定，一方当事人在法庭审理中，或者在起诉状、答辩状、代理词等书面材料中，对于己不利的事实明确表示承认的，另一方当事人无需举证证明。《民事证据规定》第 3 条至第 9 条对当事人自认的情形、自认的法律后果、自认的例外以及自认的撤销等作出了较为详细的规定。而对于证据的自认，2002 年 4 月 1 日起施行的《最高人民法院关于民事诉讼证据的若干规定》第 72 条规定，当事人认可对方当事人所提出的证据的，该证据具有证明力；一方当事人针对对方当事人所提出证据提出反驳证据的，对方当事人认可该反驳证据的，该反驳证据具有证明力。但现行《民事证据规定》已将该条款删除。① 由于非法证据排除规则涉及对证据能力的评判，因而属于民事证据规则中较为重要的规则之一，同时也是学界讨论的重点之一。《民诉法解释》第 106 条规定，对以严重侵害他人合法权益、违反法律禁止性规定或者严重违背公序良俗的方法形成或者获取的证据，不得作为认定案件事实的根据。

综上所述，我国已经形成了一定数量的一般性民事证据规则，在民事诉讼过程中审判人员对于证据的评价需要接受已有证据规则的指引。当然，如前文所论及，目前我国所形成的证据规则尚不具备系统性。并且，具体规定也相对来说较为原则化，在接受指导的前提下，民事诉讼过程中审判人员对于证据的评价仍然具有较大的自由裁量空间。

2. 民事科学证据特殊性规则

审判人员对于科学证据所包含的具体证据方法的评价，当然受到一般性证据规则的约束。与此同时，鉴于科学证据所具有的特殊性，我国现行法律规范对科学证据评价本身也存在一定的特殊规定。

---

① 实际上，理论界对于作为辅助事实的证据是否能作为自认的客体存在争议。关于证据自认的争议，参见王利明. 民事证据规则司法解释若干问题研究 [J]. 法学，2004（1）：80-94.

具体而言，我国关于科学证据评价的特殊性证据规则主要围绕鉴定意见制定。并且，现行关于鉴定意见评价的证据规则主要表现为程序性规则，实质性评价标准则相对较为缺乏。

具体而言，现有针对鉴定意见的程序性规则主要包括司法鉴定的启动、鉴定意见形式要件审查以及鉴定意见质证等三个方面。首先，对于司法鉴定的启动，《中华人民共和国民事诉讼法》（以下简称《民事诉讼法》）与《民事证据规定》均规定，在诉讼程序中可由当事人向法院申请或法院依职权委托两种形式启动鉴定。同时，鉴定机构与鉴定人的选取方式，包括当事人协商与法院指定两种形式。① 其次，对于鉴定意见的形式审查，《民事证据规定》规定得更为详细，审判人员对于鉴定意见的审查应主要包括对鉴定意见具体表述的审查、对鉴定机构与鉴定人资格的审查、对鉴定程序的审查以及对鉴定结论本身的审查等。最后，对于鉴定意见的质证，现行制度规范对异议提出、鉴定人回应及出庭以及专家辅助人参与质证等诸多方面都有明确规定。然而，对于鉴定意见实质内容的评价，现行制度规范仅要求人民法院审查鉴定书中"鉴定材料""鉴定所依据的原理、方法""对鉴定过程的说明"。但关于人民法院应如何展开审查，以及根据何种标准评判鉴定意见的证据能力与证明力，缺乏更为明确的规定。

综上所述，我国现行法律规范已经存在一定数量的针对科学证据的特殊证据规则，法官在证据审查过程中对于科学证据的评价应受一般性证据规则及特殊证据规则的共同约束。从科学证据的特殊审查规则来看，该部分规则主要对审判人员应当审查的具体内容作出了较为具体的规定。但对于该部分具体内容的审查，尤其是与科学证据可靠性认定相关的实质内容审查，并未设置严格明确的评判标准与依据，审判人员对于具体科学证据的评判仍然具有较大的不确

---

① 当事人自行委托鉴定的情形因不受法院管控，因而不涉及该类型启动方式中的鉴定机构与鉴定人选取规定。

定性。故此，通过对科学证据审查相关证据规则的总体考察，可以明确，我国司法实践中，审判人员对于科学证据的审查评价存在较大的自由裁量空间。

三、"说服"视域下我国民事科学证据可靠性认定的理论模型

在明确审判人员决策行为的认知心理学基础以及与科学证据审查认定相关的制度的基础上，即可在我国司法语境中，对审判人员关于科学证据可靠性认定的应然决策行为模式进行探讨，进而构建关于民事科学证据可靠性认定的应然决策模型。

（一）决策路径选择的空间与现实可能性

审判人员本身作为自然人，其决策行为属于普遍意义上的认知行为，理应遵循认知心理普遍规律。与此同时，审判人员对科学证据的评价作为一种具体的司法实践行为，还应接受制度规则的约束与指引。对科学证据评价原则与规则的分析解读表明，我国审判人员在对科学证据进行审查认定时具有一定程度的自由裁量权限。然而，审判人员所具有的自由裁量权限是否允许其实现对于两种不同信息处理路径的选择，以及不同审判人员类型和（或）不同案件间，决策者对决策路径的选择是否会存在选择不同决策路径的意愿和（或）可能性，还需结合说服理论所提供的决策模型与制度规则两方面进行综合考量。

首先，审判人员具备信息处理路径选择的自主权。审判人员对于信息处理路径的选择，归根到底，反映的是审判人员选择依据何种类型的信息实现对于科学证据可靠性的判断。也即，信息处理路径的选

择本质上仍然是法官自由裁量权行使的问题。一方面，我国现行证据制度并不否认法官自由裁量权的存在，而法官尤其在证明力判断方面具有较大的自由裁量空间。另一方面，关于科学证据可靠性认定的特殊证据规则给法官自由裁量留有较大空间。也即前文所论及的，现行证据规则对于科学证据可靠性的证据评价并未给出实质性评判标准。换言之，对于依据何种具体案件信息对科学证据可靠性作出评判，法官仍有较大的自由裁量空间与自主权。

其次，审判人员所具备的认知能力当然存在差异。基于认知能力的决定因素，审判人员在教育背景、智力水平以及审判经验方面的差异均可能导致其在认知能力上的差异。依据从事审判工作的时间长短而言，从事审判工作时间不同的审判人员在审判经验方面必然存在不同。并且，就特别针对科学证据审查认定方面的认知能力而言，从事不同类型案件的审判工作所接触到的科学证据的数量及类型均存在差异，进而使得相应审判人员在面对具体的科学证据时所具备的相对经验不同。而对于教育背景，一方面，长期以来的跨学科法律专业硕士的培养使得审判人员的组成早已不再局限于纯粹的法学学科毕业人员；另一方面，实践中也不乏原为技术岗位的司法从业人员转而从事审判工作的例证。① 故而，审判人员在教育背景方面也必然存在个体差异。与此同时，由于信息本身的可理解性也会对认知能力造成影响，因而审判人员所具有的认知能力具有一定的相对性。特定审判人员在面对不同类型的科学证据时，所具有的认知能力也有所不同。故此，从影响因素方面分析，审判人员所具备的认知能力当然存在个体差异。同样的，作为决策路径选择决定因素之一的认知能力，也为审判人员在科学证据可靠性认定中的路径选择提供了可能性。

---

① 实践中已有部分法院将有审判资格或通过了司法考试的法医等技术人员直接转入业务庭从事审判工作。参见江澜. 专家证据的司法控制与技术法官制度的可行性 [J]. 法律适用，2009（5）：92-93.

最后，审判人员在认知需求方面同样可能存在个体差异。如前文所述，基于审判人员的审判职责及中立地位，审判人员在说服情景中的认知动力差异主要来源于认知需求方面的差异。认知需求属于每个个体所具备的自然属性，法律规范虽然能对认知需求造成一定影响，但个体认知需求差异仍然可能在审判人员间得以体现。当然，基于法律规范对审判人员全面审查证据所提出的明确要求，以及对因错误裁判可能承担相应责任的严格规定，审判人员在认知需求方面虽然可能存在个体差异，但在我国司法实践中，认知动力对审判人员决策路径选择的决定作用应当小于认知能力的决定作用。

综上所述，结合我国现阶段证据规则以及审判人员组成的具体情况来看，科学证据可靠性认定中存在作出不同决策路径选择的空间和现实可能性。当审判人员在具体诉讼程序中同时具备针对具体科学证据可靠性认定的认知动力和认知能力时，审判人员理应更倾向于选择中央路径对科学证据进行评价。而当审判人员在具体诉讼程序中缺乏针对具体科学证据的认知能力和（或）认知动力时，则更有可能选择外围路径对科学证据进行评价。当然，需要特别强调的是，由于审判人员对于科学证据的认知能力具有相对性，对于决策路径选择的倾向性的探讨应严格局限在具体个案的具体科学证据判断中。

（二）决策路径选择的外部影响因素

审判人员在科学证据可靠性认定过程中的决策路径选择，主要受认知需求（认知动力）与认知能力的共同影响。然而，在司法实践中，科学证据可靠性的认定并非仅由当事人的个人属性特征等内容所决定。基于决策影响因素，尤其是审判人员认知能力的相对性，审判人员对科学证据可靠性认定决策路径的选择还会受到审判过程中所出现的其他外部因素影响。而在不同的制度体系中，外部影响因素可能存在差异。故此，为有效构建审判人员关于民事科学证据可靠性认定的决策模型，在已有理论研究对内部影响因素予以明确的基础上，还需要基于我国现行制度规范对可能影响审判人员决策路径选择的外部影响因素进行明确。

首先，科学证据提供者，即依据科学技术理论与方法对争议事实进行主观推论与判断并出具科学证据的专业人员，在诉讼过程中对科学证据所作出的解释与答复对审判人员决策路径的选择产生影响。与域外大部分国家要求专家证人当庭阐述科学证据不同，我国以鉴定意见为典型的科学证据主要以书面形式呈现给审判人员及各诉讼参与人。而鉴定人仅在当事人申请或审判人员要求时才出庭进行口头陈述，其出庭陈述的内容也往往只限于针对当事人或审判人员提出的问题作出阐释与答复。换言之，在我国司法语境中，审判人员对于科学证据可靠性的审查认定往往系依据以书面形式呈现的报告来完成，科学证据提供者出庭所做陈述则为部分案件中对书面报告的解释或补充说明。故此，相对于常态下的书面证据展示以及书面文件所能展示出的证据信息，科学证据提供者依据当事人申请或审判人员要求出庭所进行的解释说明，应当被视为科学证据审查认定中可能出现的外部因素。书面形式只能对科学证据形成的科学基础以及分析过程等内容的要点予以记载，而无法对科学证据形成所涉及的所有内容予以全面呈现。因而，科学证据提供者出庭对相关内容的解释与答复，当然有助于审判人员更加全面深刻地了解所涉科学证据，从而有可能提升审判人员对于科学证据的认知与理解，进而使审判人员得以通过中央路径实现对科学证据可靠性的审查认定。当然，该情况下审查人员对科学证据的认知与理解得以提升的前提条件是，审判人员能够有效理解科学证据提供者在出庭过程中所表述的内容。[①] 与此同时，部分情况下，尤其是当事人主动申请鉴定人出庭就其提出异议所针对的问题予以答复的情形下，虽然审判人员仍然无

---

① 司法鉴定人出庭所表述的内容往往也涉及相应的科学技术知识。

法有效理解科学证据所涉及的实质内容，但其有可能结合当事人与科学证据提供者相互陈述与辩论过程中双方所展现出来的自信等内容来决定如何作出科学证据可靠性认定的决策。此种情况中，虽然没有改变审判人员决策的实质路径，却改变了审判人员在决策过程中所能依据的启发式信息类型与总量。当然，当科学证据提供者直接出庭而非以书面形式提交科学证据时，科学证据提供者出庭所做的陈述不被视为外部因素。

其次，专业辅助人员意见对于审判人员决策路径选择的影响。在科学证据可靠性审查认定中，技术调查官等专业辅助人员，以及在鉴定意见质证过程中陈述意见的专家辅助人均能在审判人员面对相应科学证据时，提出有针对性的辅助意见，以提升审判人员对科学证据所涉专业知识的认知与理解。如果该部分制度在具体案件审理过程中得以运用，且审判人员能够有效理解该部分辅助意见，审判人员对科学证据所涉专业知识的认知与理解即能得到提升，进而使审判人员改变决策路径的选择。与此同时，与科学证据提供者出庭效果类似，即便是无法有效理解该部分辅助信息，审判人员仍有可能转而依据提供该部分辅助意见的专业人员所展示的启发式信息来完成科学证据可靠性审查认定。尤其是官方专业人员所展示出的权威性，有更大的可能成为强有力的启发式信息。

最后，当事人异议对于审判人员决策路径选择的影响。当事人异议对于决策路径选择的影响主要集中在两个方面。第一，依据民事诉讼中的当事人自认原则，如果当事人承认科学证据具备可靠性，则该科学证据当然可以作为事实认定依据来适用，也即审判人员无须再结合其他信息对该科学证据的可靠性予以认定。[①] 因此，在当事人提

---

① 本书实证研究数据选取截止时间为2018年，因此，书中对于应然决策行为的探讨均以当时有效的制度规则为依据。关于自认，旧版《最高人民法院关于民事诉讼证据的若干规定》第72条规定，当事人认可对方当事人所提出的证据的，该证据具有证明力；一方当事人针对对方当事人所提出证据提出反驳证据的，对方当事人认可该反驳证据的，该反驳证据具有证明力。

出异议的情况下，出于定纷止争之目的，审判人员可能会依据当事人所提出的异议内容作出针对性审查并提出易使异议当事人信服的审查结论。申言之，由于科学证据可靠性的影响因素较为广泛，在当事人仅针对部分内容提出异议的情况下，意味着对审判人员的审查范围进行了限缩，即有可能原本不具备整体审查认知能力的审判人员在某个特定的审查范围内则具备相应的认知能力。[①] 第二，在部分案件中，当事人所提出的异议可能提升审判人员对于科学证据可靠性的理解，即从实质上提升审判人员在科学证据可靠性认定中的认知能力。这种情形可能来自两方面：一方面，当事人及其诉讼代理人可能会有充足的时间咨询相关领域专家，并最终出具较为明确合理的异议；另一方面，部分案件中，诉讼当事人自身即为科学证据所涉领域专家，自然能对科学证据本身提出较为明确合理的异议，进而有助于提升审判人员对科学证据的理解。如医疗损害责任纠纷以及大部分建筑工程纠纷中的一方或双方当事人都具备科学证据所涉领域的专业知识。

（三）民事科学证据可靠性认定应然决策模型

前文分析结果业已明确，在我国民事司法语境中，审判人员对于科学证据可靠性的认定，存在决策路径选择的空间与可能性，且审判人员对于其决策路径的选择还受特殊外部因素的影响。据此，依据已有研究成果对于说服性决策流程的构建，可以构建出我国民事司法语境中科学证据可靠性认定的决策流程模型。本文所构建之科学证据可靠性认定决策模型，如图2.1所示。当科学证据呈现给审判人员时，首先决定审判人员以何种路径实现对于科学证据可靠性判断的医素，即审判人员的认知动力。如果审判人员所具备的认知动力较

[①] 例如，在当事人所提异议系针对鉴定委托一类的较为直观的鉴定程序时，审判人员甚至不需要对科学证据可靠性进行实质审查。

低，则会直接选择依据包括机构权威性等因素在内的较为直观的启发式信息完成对于科学证据是否具有可靠性的判定。如果审判人员具备的认知动力较高，其对于决策参考信息的选择则仍需结合其认知能力水平予以进一步判断。

当审判人员具备的认知能力较高时，其会优先选择基于自身所具备的认知能力，结合科学证据本身所包含的科学原则与方法等实质性信息来进行科学证据可靠性判定。然而，依据审判人员所面对的科学证据类型不同，尤其是审判人员拟作出的决策类型不同时，审判人员所具有的认知能力是否足以使其形成关于科学证据可靠性认定的内心确信，则具有一定的不确定性。而该不确定性一方面可能来自不同审判主体所确定的内心确信标准不同，另一方面也可能来自实质性信息所反映出的判断依据不同。如当个别实质性信息体现科学证据较为明显的缺陷或瑕疵时，审判人员关于科学证据可靠性认定的内心确信则较容易形成。当审判人员基于其认知能力所认定的实质性信息足以使其形成关于科学证据可靠性认定的内心确信时，审判人员将完全依据实质性信息完成对科学证据可靠性的认定。而当审判人员基于其认知能力所认定的实质性信息不足以使其形成关于科学证据可靠性认定的内心确信时，则还需要进一步结合在个案情景中能获取的启发式信息来作出最终决策。与此同时，最终决策的形成，还需要考虑是否有外部因素的介入。当存在外部因素，且该外部因素显著提升审判人员认知能力时，审判人员有可能再次回归到对于实质内容的审查，并作出最终决策。① 此时，如若提升后的认知能力可以使得审判人员实现对于科学证据实质内容的全面审查认定，则审判人员会选择完全基于实质性信息实现对于科学证据可靠性的判定。如果仍然不能实现对于科学证据实质内容的全面审查认定，审判人员则会综合考量实质性信息与启发式信息作出最终决策。如果

---

① 当科学证据未以书面形式呈现，而是直接由科学证据制作者出庭阐述时，在模型中，科学证据制作者出庭所对应的外部因素被视为不存在。

不存在外部因素，或外部因素未能有效提升审判人员认知能力，审判人员则会直接作出科学证据可靠性认定决策。

而当审判人员当时所具备的认知能力较低时，同样需要考虑是否存在外部因素的介入，以及外部因素对审判人员认知能力的具体影响结果来进一步决定审判人员的决策流程。具体而言，当没有外部因素介入时，由于缺乏对科学证据可靠性进行实质性判断的认知能力，审判人员不得不借助启发式信息来完成对科学证据可靠性的判定。此时，审判人员将选择外围路径并基本借助启发式信息来形成关于科学证据可靠性认定的内心确信。而当有外部因素介入时，如果外部因素无法有效加强审判人员对于科学证据的理解，也即无法有效提升审判人员关于科学证据的认知能力，则审判人员仍然会选择外围路径并依据启发式信息来完成判定。且此时，由外部因素所带来的如外部信息提供者的权威性等信息则有可能成为新的启发式信息并对审判人员的决策产生影响。而当外部因素的介入有效加强审判人员对于科学证据的理解，即可以有效提升审判人员相应的认知能力时，审判人员仍然会结合实质性信息来进行科学证据可靠性判断。此时，与审判人员本身具备较高认知能力的情况一致，审判人员对于决策路径的选择是否出现转化，又取决于得到提升后的认知能力能否使得审判人员通过实质性信息形成关于科学证据可靠性认定的内心确信。

与已有研究成果所构建的说服理论模型较为一致，本研究所构建的科学证据可靠性认定决策模型中，审判人员对于决策路径与信息的选择并不表现为严格的单一性。①根据个案因素的不同，审判人员所选择的决策路径可能会在具体的决策过程中进行切换。具体而言，当审判人员认知动力较低时，审判人员会完全通过外围路径来形成其关于科学证据可靠性认定的决策。当审判人员具备较高的认知动力时，首先，具备较高认知能力的审判人员，如果科学证据所包含

---

① Petty R E, Cacioppo J T. The elaboration likelihood model of persuasion [M] // Communication and persuasion. Springer, 1986: 1-24.

的实质性信息对于审判人员来说是完全明确的,其会完全通过中央路径来形成关于科学证据可靠性的内心确信并作出决策。其次,具备较高认知能力的审判人员,如果科学证据所包含的实质性信息对于审判人员来说不是完全明确的,其可能会因为无法完全通过中央路径形成关于科学证据可靠性的内心确信,转而选择外围路径进行决策。且根据是否有外部因素介入及外部因素介入的实效,其对于决策路径的选择仍然可能进一步变化。最后,具备较低认知能力的审判人员,由于无法理解科学证据所包含的实质性信息,会选择通过外围路径进行决策。同样的,根据是否有外部因素介入及外部因素介入的实效,审判人员此时对于决策路径的选择同样可能存在变化。

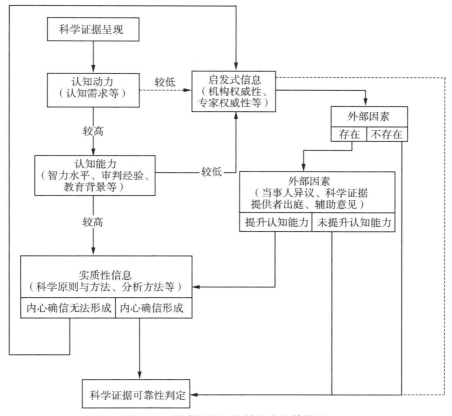

图 2.1　科学证据可靠性认定决策模型

第三章　民事科学证据可靠性
认定的应然形态

"说服"模型的构建，使民事科学证据可靠性认定的应然逻辑得以明晰，并能为观察分析我国审判人员评价民事科学证据可靠性的决策行为提供理论指引。故此，本章主要依据"说服"模型所构筑的理论基础，结合民事科学证据审查认定在司法实践中已经凸显出的主要问题，预测与解构我国审判人员评价民事科学证据可靠性的应然行为状态，以明确后文实证检验的主要论点，并为后文检验审判人员评价民事科学证据可靠性的实然行为奠定基础。

一、审判人员认知能力状态

审判人员在科学证据审查认定方面的认知能力，系早期域外研究所关注重要问题。根据该部分域外研究成果，审判人员作为"门外汉"，他们会在正确地评估科学证据方面存在困难。以单纯的非专业人士作为实验对象，他们会在判断某一结果产生的概率时忽略基本概率（base-rate）等相关的信息，[①] 并且不能有效识别科学证据中

---

① Kahneman D, Tversky A. On the psychology of prediction [J]. Psychological Review, 1973, 80: 237-251.

58

存在的样本缺陷,^① 以及分析过程缺少对照组等问题。^② 具体到司法情境中,此种情形同样得到证实。例如,模拟陪审团难以有效理解科学证据中所包含的统计因素。^③ 对于我国司法实践中的科学证据审查,无论是理论研究者还是司法实践参与者,同样对科学证据审查过程中审判人员的认知能力提出较多质疑。即相对于科学证据所涉及的科学原则与方法及该部分原则与方法的具体适用等方面而言,我国民事诉讼中的绝大多数审判人员都只能被认为是"门外汉",无法真正有效地实现对科学证据所包含实质信息与内容的认知与理解。^④

(一) 审判人员的先验知识储备

对于我国审判主体中的法官而言,其在科学证据审查方面的认知能力缺陷,主要源自于自身教育背景与经验积累两方面所存在的局限,即相对于具体科学证据的先验知识(prior knowledge)储备不足。教育背景方面,大部分参与案件实际审理的法官均系法学科班出身,只接受了法学领域的系统教育,其系统知识储备主要集中在法学领域。法官虽然在接受教育的整体过程中,能够获得一定程度的其他学科领域知识,但该部分知识储备难以满足科学证据实质审查的需求。对于具有交叉学科教育背景的法官而言,其职业属性导致其无法实际参与相应专门领域的理论研究与技术实践。随着科学技术的不断发展变化,法官所具备的专门领域教育背景也无法确保其能够理

---

① Hamill R, Wilson T D, Nisbett R E. Insensitivity to sample bias: generalizing from atypical cases [J]. Journal of Personality and Social Psychology, 1980, 39: 578-589.

② Mill D, Gray T, Mandel D R. Influence of research methods and statistics courses on everyday reasoning, critical abilities, and belief in unsubstantiated phenomena [J]. Canadian Journal of Behavioural Science, 1994, 26: 246-258.

③ Faigman D L, Baglioni A J. Bayes' theorem in the trial process: instructing jurors on the value of statistical evidence [J]. Law and Human Behavior, 1988, 12: 1-17.

④ 赵长江. 论我国司法鉴定质证程序的困境与出路 [J]. 中国司法鉴定, 2011 (3): 21-25.

解该领域当下的前沿理论与方法。审判经验可以在一定程度上弥补法官固有认知能力的缺陷，但法官能够从审判经验中获得的认知能力提升同样有限。并且，审判经验的积累，同样需要面对科学理论与方法的发展更替问题。法官在审判活动中的经验积累，与出具科学证据的专业人员在其所从事的专业活动中的经验积累有本质区别。显然，审判经验积累难以跨越其知识储备与科学证据所涉及的专业知识间的鸿沟，甚至无法阻止科学理论与方法发展更替所可能导致的知识鸿沟继续扩大。

基于法官群体在先验知识储备方面所存在的缺陷，在针对人民陪审员制度所进行的改革中，即包含了提升审判主体在专业性事实认定方面认知能力的内容。根据最高人民法院《关于适用〈中华人民共和国人民陪审员法〉若干问题的解释》第 3 条，因案件类型需要具有相应专业知识的人民陪审员参加合议庭审判的，可以根据具体案情，在符合专业需求的人民陪审员名单中随机抽取确定。在实际的试点工作中，具有专门知识的人民陪审员来自建筑、会计、医疗、金融等多个领域。从理论上来说，相对于知识背景较为单一且人员组成更为固定的法官群体而言，专家陪审员制度在人民陪审员选择方面的灵活性与多样性理应能够有效弥补法官群体在教育背景与经验积累方面所存在的局限。具体而言，根据具体案件所涉及的专业性事实，可以有针对性地选择具有相应学科领域系统教育背景且在本领域从事相关科学研究和（或）技术实践工作的专业人员作为人民陪审员参与案件审理，从而在专业性事实认定以及科学证据审查认定过程中，可以弥补审判组织中专职法官在教育背景方面的不足，并可以通过选取仍在从事本领域科学研究和（或）技术实践工作的技术人员来确保审判组织知识储备的前沿性。然而，较多学者仍然认为，人民陪审员在决策形成方面难以发挥其实质效用。人民陪审员的参与是否能真正影响到案件的审理，仍然存在质疑。例如，人民陪审员可能无法真正参与庭前阅卷、庭中发问、庭后合议等实质性审理工作，从而导致人民陪审员形同虚设，以及缺乏区分事实审和法律审的有效机制等影响专家陪审员参与庭审的实质性问题。[①] 换句话来说，由于当前人民陪审员制度在司法实践中所表现出的缺陷与不足，专家陪审员所具有的认知能力或许并不能在科学证据审查过程中发挥实质作用。故此，虽然专家陪审员的引入旨在提升审判主体认知能力，但其实践效果可能并不理想。即使存在专家陪审员，我国司法实践中审判主体在科学证据审查中的认知能力可能也并不能得到有效提升。

（二）辅助审查机制的实效

除审判人员的先验知识储备外，至少还存在信息的复杂程度、审判人员专注度以及信息的重复呈现次数等因素来共同决定审判人员在审查具体科学证据时的认知能力水平。因而，科学证据可靠性的评价，在审判人员先验知识储备的基础上，可以通过设置相应的辅助机制调整其他影响因素，从而提升审判人员对于案件中所呈现科学证据的总体认知能力。以鉴定意见为例，至少存在鉴定人出庭与专家辅助人两种辅助机制，用以提升审判人员对于案件中所呈现鉴定意见的认知能力。

作为我国民事诉讼领域最具典型性的科学证据，鉴定意见均以书面形式呈现，检验过程、检验结果以及分析说明等包含"科学"信息的主要内容也均通过书面形式予以记载。在审查过程中，审判人员首先需要从鉴定意见书所作的书面表述中，提取相关实质性信息。对于审判人员而言，以书面形式对鉴定意见进行记载，并不利于可靠性评价。一方面，司法鉴定开展的具体过程对于审判人员而言并不透明。书面鉴定意见很难对鉴定开展的过程进行全面记载，尤其难以对

---

① 刘方勇，廖永安. 我国人民陪审员制度运行实证研究：以中部某县级市为分析样本[J]. 法学家，2016（4）：53-70+177.

可能体现出鉴定过程中存在的疏漏或错误的细节进行全面描述。① 另一方面，相对于以口头形式作出的表述，以书面形式对相关概念方法的描述可能更加抽象，审判人员更加难以理解。因此，基于书面记载所存在的局限性，鉴定人出庭以口头形式对鉴定意见作出进一步陈述，理应能够使审判人员对于鉴定意见的认知能力有所提升。首先，鉴定人出庭对于鉴定意见所作的口头陈述，可以降低信息呈现的复杂程度。即如上文所言，以书面形式对相关概念方法的描述可能更加抽象，口头陈述允许鉴定人将信息表达得更加具体，且能够对可能导致审判人员理解困难的专业性术语等及时作出更为深入的阐述。其次，相对于阅读鉴定意见书，直接质询鉴定人的过程中，审判人员的专注程度更高。司法实践中，鉴定人均系根据鉴定意见审查过程中的具体需求出庭，并针对性解答当事人或审判人员所提出的具体疑问与异议。当审判人员基于阅读鉴定意见书所产生的具体疑问要求鉴定人出庭予以解答时，其应当具有较整体阅读鉴定意见书时更高的专注程度。最后，鉴定人出庭能够增加有效信息的重复呈现次数。在出庭过程中，审判人员可根据需求多次向鉴定人进行咨询，从而增加有效信息的呈现次数。总体而言，鉴定人出庭作为一种鉴定意见审查的辅助机制，理应可以通过降低信息的复杂程度、提升审判人员专注度以及增加有效信息的重复呈现次数提升审判人员对于鉴定意见的认知能力。然而，鉴定人出庭的实际效果，同样受到学界及实践参与者的广泛质疑。一方面，鉴定人出庭率低。长期以来，学界已就如何提升鉴定人出庭率进行了广泛深入的探讨，鉴定人出庭相关制度也得到一定程度的发展与完善，但当前鉴定人出庭率仍然不甚理想。② 另一方面，鉴定人出庭缺乏实质性。鉴定人出庭对于审判人员认知能

---

① 胡铭. 鉴定人出庭与专家辅助人角色定位之实证研究 [J]. 法学研究，2014，36（4）：190-208.

② 魏晓娜. 以审判为中心的诉讼制度改革：实效、瓶颈与出路 [J]. 政法论坛，2020，38（2）：155-172.

力的提升，需要基于鉴定人对审判人员及当事人所提出疑问的深入有效的解答。然而，实践中鉴定人出庭广泛存在重复书面意见或者仅仅是以"按程序操作""依规律推导"等简单形式进行作答，无法真正达到释疑解惑的实质效果。①

提升鉴定意见质证效果，同样是专家辅助人出庭参与鉴定意见质证并提出明确质证意见的主要目的。具体而言，专家辅助人受当事人委托出庭，一般情况下都是对鉴定机构出具的鉴定意见提出相关质疑。专家辅助人基于所具有的专业知识背景及实践经验，针对鉴定意见提出不同意见，可以使法官在判断鉴定意见时保持足够的谨慎。②换句话来说，专家辅助人针对鉴定意见提出质证意见时，审判人员对鉴定意见的审查会更加谨慎，因而审判人员的专注程度应当更高。故此，专注程度作为影响审判人员认知能力的重要因素之一，专家辅助人出庭对审判人员专注程度的提升，理应会在一定程度上提升审判人员对于鉴定意见的认知能力。然而，在司法实践中，专家辅助人主要受当事人委托出庭陈述意见，具有较为明显的"倾向性"立场。由于专家辅助人本身缺乏中立性，审判人员对专家辅助人所陈述的具体意见的认可程度可能不高。③甚至，在单方聘请的情况下，专家辅助人对专业性问题进行阐述，可能将法官引向另一个更大的知识盲区。④申言之，专家辅助人出庭，虽从理论上来说可以主要通过提升审判人员的专注程度来提升审判人员的认知能力，但基于实践中所存在的具体问题，专家辅助人出庭同样可能难以发挥其在提升审判人员认知能力方面的实质效果。

① 张勇，钱岩. 鉴定人、有专门知识的人出庭制度构建：以天津市法院系统实践探索为基础 [J]. 法律适用，2018（19）：56-64.

② 章礼明. 评"专家辅助人"制度的诉讼功能：借助于新《刑事诉讼法》实施之后司法首例的分析 [J]. 河北法学，2014，32（3）：102-109.

③ 沈明磊，董蕾蕾. 民事诉讼专家辅助人制度适用问题研究 [J]. 法律适用，2017（1）：78-83.

④ 李盛荣，张璇. 专家辅助人立场定位中的紧张关系及其消解：以知识产权审判为视角 [J]. 法律适用，2018（5）：83-89.

（三）决策风险对认知能力需求的影响

任何职业都会或多或少地伴随着一定的职业风险，而法官职业风险则来源于裁判权运行中对外或者对内发挥作用时对法官自身产生的负面影响。这种负面影响，可以表现为法官的心理压力、身体损害、各种形式的责任承担等等。在裁判权行使过程中，事实认定、适用法律、裁判可改变性及社会质疑等都可能引发相应的法官职业风险。[①] 故此，为确保法官在案件审理过程中正常行使其裁判权，应确立相应的法官职业保障制度来对法官权益进行保障。[②] 然而，纵观我国司法体制改革历程，制度设计所体现出的司法体制改革理念主要在于防范权力滥用，而非在注重法官职业保障的基础上保障权力实施。[③] 其中较为典型的是针对法官的内部考核制度与错案责任追究制度导致法官审判压力的增长。

科学合理的绩效考核制度在激励和促进司法人员提高办案质量、提升个人素养等方面发挥着重要作用，并可以减少冤假错案和司法腐败的发生。然而，在目前的法官业绩考核机制中仍然存在基本认识和范畴界定不够清晰、体系设计不够合理、评价标准不够科学及结果运用不到位等一系列问题。而评价标准作为法官业绩考评的核心，在目前实践中仍存在考评指标设置过于数字化，忽视了对案件类型、难易程度、配套工作条件等因素的综合考虑。[④] 尤其是近年来，当事人上诉缠诉、信访闹访现象时有发生，现行法官业绩考核机制将息诉服判率等作为重要考评指标且过于追求数字化，导致法官不仅要承担

---

① 尹茂国. 裁判权让渡：一个不得已的选择：基于刑事法官职业风险化解视角的思考 [J]. 法律科学（西北政法大学学报），2016，34（5）：90-98.

② 张洪涛. 中国法院压力之消解：一种法律组织学解读 [J]. 法学家，2014（1）：19-36+175.

③ 武健. 惩戒制度设计中的法官权益保障 [J]. 法律适用，2017（7）：26-30.

④ 谢亮，张子谕. 论人民法院法官业绩评价的完善 [J]. 法律适用，2018（7）：68-72.

因当事人对判决不服而对其进行缠闹的压力，还要面临因各种原因当事人未息诉服判而影响其业绩考评的风险。与此同时，我国长期以来施行的司法责任制以错案责任追究为重心，但对于"错案"的概念一直缺乏统一的官方规范。① 从而，使得对于错案责任的追究存在不确定性，进而导致法官产生职业保障方面的担忧。当事人申诉甚至是上访，均会在一定程度上增加审判监督启动的可能性。② 在考虑当事人申诉与上访影响绩效考核的同时，法官也必然会担心审判监督程序中发现其存在事实认定与法律适用方面可能存在的瑕疵甚至是错误，从而被予启动错案责任追究机制，进而再次增加其所要面临的风险。并且，近年来推行的司法责任制改革，虽在一定程度上提升了对法官的职业保障，但法官责任制改革中形成的差异化格局甚至混乱局面，仍然无法避免法官基于问责弥散化的"假想"而形成的过度担忧。③ 因而，对于法官而言，在依法行使职权的同时，也会格外注重对于职业风险的规避与控制。即通过尽可能完善和调整其决策行为，实现对潜在风险的规避与控制，从而更好地维护自身权益。

具体到科学证据可靠性的审查认定中，由于科学证据所认定的事实通常直接关系到案件中法律关系构成要件事实的认定，科学证据可靠性认定的错误可能会直接导致要件事实认定的错误，进而导致整个案件判决的错误。而在司法实践中，因诉讼当事人及其相关厉害关系人不满司法鉴定意见所形成的信访投诉等比比皆是。④ 其中，不乏因不满作为典型科学证据的鉴定意见而专门针对司法部门进行的上访投诉。⑤ 因而，在科学证据可靠性认定中，法官当然面临着一

---

① 周长军. 司法责任制改革中的法官问责：兼评《关于完善人民法院司法责任制的若干意见》[J]. 法学家，2016（3）：94-104+178.

② 江必新，程琥. 司法程序终结问题研究［J］. 法律适用，2013（7）：12-21.

③ 方乐. 法官责任制度的司法化改造［J］. 法学，2019（2）：150-164.

④ 周修义. 完善司法鉴定运行机制的思考与建议［J］. 中国司法鉴定，2016（4）：79-83.

⑤ 陈如超. 中国刑事案件中的涉鉴上访及其治理［J］. 北方法学，2014，8（1）：91-100.

定程度的决策风险，其同样需要在科学证据可靠性的审查认定过程中注重风险的规避与控制。为尽量避免科学证据可靠性认定结果出错，法官势必会适当提升其关于科学证据可靠性认定的内心确信标准。① 内心确信标准的提高，则意味着，法官需要获取更多的信息，以达到其自身设定的更高的内心确信标准。与此同时，科学证据相对于其他类型证据的特殊性，在于其所包含的"科学"。即确保作出正确的可靠性认定决策的关键，首先在于确定待审查科学证据是否"科学"。并且，对于"科学"的判断，主要是对专家依据的理论或数据与专家关于因果关系的论证间是否存在有效的科学联系等实质内容作出评价。② 故此，在提升内心确信标准的基础上，要达到关于科学证据可靠性的内心确信标准，最佳方式应是通过获取更多的实质性信息来证实科学证据的"科学性"。因实质性信息的获取和判断需要审判人员具有相当水平的认知能力，通过获取更多的实质性信息来证实科学证据的"科学性"，即意味着对审判人员的认知能力提出了更高的要求。换句话来说，当审判人员提高关于科学证据可靠性认定的内心确信标准时，需要审判人员具有相对于低内心确信标准时更高的认知能力水平。

综上所述，由于法官的内部考核制度与错案责任追究制度存在的缺陷，法官在科学证据可靠性认定中面临潜在的风险。出于规避与控制风险的目的，法官需要通过提升内心确信标准来提升可靠性认定决策的准确性，从而使得科学证据可靠性认定决策的形成对法官的认知能力提出了更高的要求。而更高要求的认知能力，则可能进一步加大法官所具有的认知能力与实现科学证据可靠性认定所需认知能力间的差距。

---

① 基于法官拥有的自由裁量权，内心确信的程度可能在不同类型的案件以及不同的审判人员个体之间存在差异，对内心确定的程度设定不同的可信度标准，则是在不同类型案件中设定不同证明标准的可行方式。参见毕玉谦. 试论民事诉讼证明上的盖然性规则［J］. 法学评论，2000（4）：40-49.

② Bernstein D E. The admissibility of scientific evidence after Daubert v. Merrell Dow Pharmaceuticals, Inc［J］. Cardozo Law Review, 1993, 15：2139.

二、民事科学证据可靠性认定决策的基本要素

基于上文归纳的学界及理论研究者对于审判人员认知能力提出的相关质疑，可以尝试对我国科学证据可靠性认定的应然状态进行预测与解构。然而，由于应然决策模型中所涉及的部分理论概念仍然具有一定的抽象性，在对应然状态进行预测与解构前，还需要结合我国具体司法实践对应然决策模型中的抽象概念进行明确。也即，结合实践，理清民事科学证据可靠性认定决策的基本要素。

（一）科学证据的实践形态

依据前文对科学证据外延的界定，在我国民事诉讼领域，科学证据主要存在鉴定意见与专家辅助人意见两种实践形态。而结合这两种科学证据相关的制度规范及其适用情况来看，鉴定意见应是我国民事诉讼领域更具典型性的科学证据。

相比于其他类型的科学证据，鉴定意见作为民事诉讼法明确列举的证据方法，在我国民事诉讼司法实践中的应用相对而言最为广泛，因而对科学证据整体具有很好的代表性。并且，从理论上来说，同属于依据专业知识经验作出的意见证据，其他类型科学证据与鉴定意见在性质上并无不同。① 实际上，因相对缺乏关于其他类型科学证据审查的特殊性证据规则，在其他领域存在的鉴定意见以外的其他类型科学证据，也被要求参照鉴定意见的审查与认定规则来进行

---

① 毕玉谦. 专家辅助人制度的机能定位与立法性疏漏之检讨［J］. 法治研究，2019（5）：75-85.

审查认定。① 与此同时，虽然科学证据的外延较为开放，但具体到我国司法实践中，无论是在适用范围还是在适用数量方面，鉴定意见都是最为典型和常见的科学证据形式。② 由此说明，我国司法实践中，其他类型科学证据与鉴定意见在审查规则方面存在共性，进而证明选取鉴定意见作为科学证据具体观测对象具备合理性。

与此同时，其他类型科学证据在司法实践中的适用还存在较大的分歧与争议。如专家辅助人意见，一方面，虽然《民诉法解释》将专家辅助人意见拟定为当事人陈述，但仍有部分学者认为不应将其解读为证据属性的赋予；③ 另一方面，即便是将该条款解读为证据属性赋予，由于实践中法院基本上未将当事人陈述作为一种证据对待，实践中关于专家辅助人意见适用的争议可能仍然主要停留在证据属性层面。④ 与此同时，由于专家辅助人准入条件不明确以及专家辅助人难以聘请等客观原因，在具体司法实践中，专家辅助人出庭参与质证的案例数量极少。⑤

故此，基于鉴定意见在我国司法实践中的典型性，以及其他形式科学证据所表现出的实践缺陷，后文将鉴定意见确定为实证研究分析的具体对象。也即，以鉴定意见为观测对象，对我国科学证据可靠性认定实然状态进行预测与解构。⑥

---

① 《最高人民法院关于适用〈中华人民共和国刑事诉讼法〉的解释》明确对于可作为事实认定依据的检验报告的审查与认定参照鉴定意见的审查与认定进行。参见朱晋峰. 以审判为中心诉讼制度改革背景下科学证据审查的困境及出路 [J]. 法律适用，2018（13）：113-123.

② 李苏林. 提升科学证据在刑事审判中的运用水平：以鉴定意见为例 [J]. 理论探索，2015（2）：119-123.

③ 沈明磊，董蕾蕾. 民事诉讼专家辅助人制度适用问题研究 [J]. 法律适用，2017（1）：78-83.

④ 李永泉. 功能主义视角下专家辅助人诉讼地位再认识 [J]. 现代法学，2018，40（1）：157-167.

⑤ 陈邦达. 专家辅助人制度：面临问题与完善路径 [J]. 理论探索，2016（1）：123-128.

⑥ 后文涉及科学证据实践形态，以及科学证据可靠性认定的实践状态的论述，均围绕鉴定意见展开。

（二）民事科学证据可靠性认定结果

科学证据可靠性属于程度性概念。理论上，审判人员对于科学证据可靠性的认定结果，应表述为审判人员认为作为审查对象的科学证据具有多大程度的可靠性。然而，在司法实践中面对具体的个案时，基于认定案件事实的职责需求，审判人员并不对其所认定的科学证据可靠性程度进行直接表述，而是基于其所认定的科学证据可靠性程度，判断该科学证据是否能作为事实认定的依据。申言之，在司法实践中，为满足事实认定需求，审判人员需将其结合相关信息所评判的科学证据可靠性程度转化为可被适用于案件审理的二元化结果，即该科学证据所具有的可靠性程度是否能够使其成为事实认定的依据。

与此同时，基于可靠性与真实性的对应关系，科学证据能否作为事实认定依据，系通过科学证据可靠性程度对其真实性的决定作用来确定。科学证据可靠性程度所导致的二元化结果，归根到底，即该科学证据是否具备真实性。具体而言，基于在证据审查认定维度中真实性与可靠性的统一，审判人员在实践中认定对于科学证据是否具备真实性的判定，需要通过可靠性程度认定予以实现。对于实证分析本身而言，当审判人员认定科学证据不具备合法性或（和）关联性而未对其真实性进行判断时，该案件因不包含实质上的科学证据可靠性判断而应作为无效数据予以舍弃。然而，在确定将鉴定意见作为具体分析对象的基础上，对于司法实践中科学证据可靠性程度所导致的二元化结果的表征，真正需要进一步理清的，则是重新鉴定决策与可靠性认定间的关联。

依据《民事证据规定》第 40 条，重新鉴定的，原鉴定意见不得作为认定案件事实的根据。据此，审判人员同意当事人重新鉴定申请，即意味着对当前鉴定意见不予采信。与此同时，《民事证据规定》对于重新鉴定也规定了存在缺陷但不符合重新鉴定情形时对于鉴定意见的处理方式，即补充鉴定、重新质证或补充质证等。因而可以认为，对于是否应予重新鉴定的审查，在一定程度上等同于对鉴定意见是否予以采信的审查。申言之，具体到科学证据真实性的分析中，当存在当事人提出重新鉴定申请时，审判人员对于鉴定意见是否具有真实性的判断即融汇于重新鉴定申请的审查决策中。

综上所述，在我国司法实践中，审判人员对于科学证据可靠性的认定，系其作出关于科学证据真实性决策的基本依据。科学证据可靠性所导致的二元化结果的表征，即为该科学证据是否被认定为具有真实性。鉴于科学证据可靠性达到何种程度即可认定科学证据本身具有真实性并没有明确的判断标准，我们可以认为，科学证据可靠性对于科学证据真实性判定的决定作用，理应表现为一种概率。也即，基于审判人员具有的自由裁量权，在审判人员形成关于科学证据真实性的内心确信过程中，科学证据可靠性程度越高，科学证据被认定为具备真实性的概率越大。与此同时，需要指出的是，由于科学证据是否具备合法性与关联性完全属于审判人员认知能力范围内的内容，审判人员对于科学证据的判定说理中没有涉及合法性与关联性表述的，应推定为审判人员对于科学证据可采性的判定系基于对其真实性的判定，也即基于科学证据可靠性的认定。[①]

（三）民事科学证据可靠性认定中的启发式信息

当审判人员缺乏关于科学证据的认知能力时，其更有可能通过启发式路径，也即基于科学证据本身蕴含的具体内容以外的其他因素，对科学证据进行评价。对于该部分科学证据本身所蕴含的具体内容以外的其他因素，即启发式信息的具体表征，以英美法系为代表的

[①] 如学界所质疑的，重新鉴定在部分案件中可能已经成为平息当事人争议的权宜之策，因而审判人员可能不会对准许重新鉴定的理由予以明确表述。

域外学术研究对此已经得出较为明确的结论。然而，基于我国司法实践中科学证据及其形成过程的独特性，我国司法语境中科学证据可靠性认定相关启发式信息的具体表征还有待进一步探讨与厘定。

依据已有研究成果，科学证据可靠性认定的主要启发式因素可主要分为两类，即科学证据提供者的可信度（credibility）、科学证据的结构和组织形式。科学证据提供者的可信度主要包括专业性（expertise）、诚信度（trustworthiness）和活力（dynamism）；科学证据的结构和组织形式则主要涉及科学证据的表述逻辑、展示方式等，其中在针对英美法系的部分研究成果中科学证据提供者被直接具体化为专家证人。① 具体到我国民事司法语境中，由于鉴定意见被要求以格式性的书面形式予以呈现，即鉴定意见的结构和组织形式均已被确定，因而不存在该方面的差异，进而与鉴定意见的结构和组织形式相关的因素不需要作为我国司法语境中科学证据可靠性认定的启发式因素进行考量。而科学证据的提供者，在我国司法语境中，应当包括鉴定机构与鉴定人二者。并且，在鉴定人未出庭参与质证的情况下，应将鉴定机构认定为主要提供者。其原因在于，与以美国为代表的域外机制不同，我国从事司法鉴定的鉴定人均需依附于特定司法鉴定机构，其开展司法鉴定工作也均需依附于司法鉴定机构。鉴定意见的质量除与鉴定人的专门知识、经验、信誉有密切关系外，也与鉴定机构的资质和管理、仪器设备的精密程度密不可分。在鉴定过程中，鉴定机构要为鉴定人提供适合的鉴定设备和设施。与此同时，司法鉴定程序规范要求司法鉴定的受理与委托均由鉴定机构统一负责。即在大部分司法鉴定中，尤其是司法鉴定过程中不需要其他诉讼参

---

① Bank S C, Poythress Jr N G. The elements of persuasion in expert testimony ［J］. The Journal of Psychiatry & Law, 1982, 10 （2）: 173-204.

与人予以配合的情况下，审判人员与鉴定人的接触机会较少。① 因而，在鉴定人不予出庭质证的情况下，审判人员对于鉴定机构的了解程度应高于其对鉴定人的了解程度。据此可以认为，在我国司法语境中，启发式因素主要为与科学证据提供者可信度相关的信息，而科学证据提供者所展示的可信度信息则主要来源于鉴定机构。

综上所述，在我国司法语境中，科学证据可靠性认定的启发式影响因素应主要表现为与鉴定机构可信度相关的信息。与此同时，基于鉴定机构可信度的优先性，如果启发式信息确实对我国司法实践中审判人员的科学证据审查认定行为存在影响，那么鉴定机构可信度对审判人员决策的影响则是必然的。质言之，以鉴定机构可信度作为启发式信息与审判人员决策间相关性的检验标准，相对于其他类型的启发式信息而言，能够更好地确保实证检验结果的准确性。即对于实证检验而言，鉴定机构可信度能够被证实，就可准确地证明启发式信息对于审判人员决策的影响。

三、民事科学证据可靠性认定的
应然决策逻辑与行为

结合我国具体司法实践对应然决策模型中的抽象概念进行明确，即可以结合应然决策模型与理论研究者及实践参与者提出的认知能力质疑，提出关于民事科学证据可靠性认定应然决策逻辑与行为的

---

① 无论是修订前还是修订后的《司法鉴定程序通则》都对司法鉴定机构受理委托作出明确规定，即司法鉴定由鉴定机构统一受理，完成受理之后，再指定具体鉴定人开展鉴定，特殊情况下才可能由委托人与鉴定机构一起选定鉴定人。因此，大多数情况下，委托鉴定时，委托人并不知晓具体鉴定人，从而不会存在直接接触，而只有特殊情况选定或者在开展现场勘验等需要委托人到场见证或配合工作时，才可能存在鉴定人与委托人的直接接触。参见《司法鉴定程序通则》（2007 年发布，已废止）第 11 条、第 18 条；《司法鉴定程序通则》（2016 年修订）第 11 条、第 18 条。

基本假设。进而，在构建基本假设的基础上，明确后文进行统计推断的基本论点，更好地实现对我国民事科学证据可靠性认定的实证检验。①

（一）启发式信息对于审判人员决策的影响

自说服理论被提出以来，以域外为代表的大量研究成果已经证实，启发式信息能对决策者的决策过程起到影响作用。具体到法律实践领域，甚至是严格的科学证据审查认定中，也已有实证研究成果证实至少包括科学证据来源相关的启发式因素能够对审判人员的科学证据可靠性认定决策产生实质影响。②我国学者虽较少开展相关实证研究，但对于审判人员是否具备审查认定科学证据相应认知能力的质疑从未间断。

由前文对相关理论及既有研究成果的探讨与分析可知，在司法实践中，不可避免地会存在相当一部分审判人员存在科学证据可靠性认定方面的认知能力缺陷。主要表现为，审判人员具有较低的认知能力，或认知能力虽然较高，但缺乏完全依据实质性信息形成科学证据可靠性认定决策的认知能力。同时，依据科学证据可靠性认定的"说服模型"，无论审判人员存在的认知能力缺陷属于上述何种情形，在其最终作出科学证据可靠性认定决策所依据的信息中，均应包含启发式信息。因此，如若我国审判人员确实在科学证据可靠性认定方面存在认知能力缺陷，则启发式信息必然会对科学证据可靠性认定产生影响。

与此同时，影响科学证据可靠性认定的启发式信息主要表现为

---

① 假设检验是统计推断的重要内容之一，即先基于相关理论基础及已有研究成果，对总体参数提出一个假设，然后利用样本数据来判定该假设是否成立。参见谢宇. 回归分析［M］. 北京：社会科学文献出版社，2013：34.

② Lubet S. Persuasion at trial［J］. American Journal of Trial Advocacy，1997，21：325.

科学证据提供者的可信度，即我国司法实践中的鉴定机构可信度。而启发式信息对于科学证据可靠性认定的影响，可通过对鉴定机构可信度与鉴定意见可靠性间的相关性分析进行验证。并且，鉴定机构可信度与鉴定意见可靠性间的相关性理应表现为，鉴定机构可信度越高，鉴定意见被审判人员认定的可靠性程度也可能会越高。因此，基于科学证据可靠性与真实性的对应关系，从概率角度而言，科学证据可靠性程度越高，其被认定为具有真实性的概率越大。申言之，鉴定机构可信度对于鉴定意见可靠性的影响可表述为，鉴定机构可信度越高，鉴定意见所具有的可靠性程度越高，鉴定意见被认定为具有真实性的概率越大。该影响过程可更加直观地表述为如图所示的过程。

图 3.1　鉴定机构可信度影响过程

据此，可以提出我国司法实践中启发式信息对科学证据可靠性认定影响的研究假设：

研究假设 1：鉴定机构可信度越高，鉴定意见被认定具备真实性的概率越大。

（二）审判主体差异对决策行为的调节

在我国司法实践中，审判人员对于科学证据可靠性认定决策路径的选择，主要受以认知能力为主的个体特质的影响。也即，不同审判主体所具备的以认知能力为主的个体特质差异，会导致其在科学证据可靠性认定决策路径选择上的差异，并结合不同类型信息作出决策。因此，在固定时间段内，相关特质所决定的认知能力越高，审判人员越有可能完全通过实质性信息来完成科学证据可靠性审查认定，或越有可能较少地依赖启发式信息完成科学证据可靠性认定。[①]进而，使得启发式信息对科学证据可靠性认定的影响越小，即启发式信息与科学证据可靠性间所体现出来的相关性越小。反之，相关特质所决定的认知能力越低，审判人员越有可能完全依据启发式信息，或较多地依赖启发式信息来完成科学证据可靠性认定。从而，使得启发式信息对科学证据可靠性认定的影响越大，即启发式信息与科学证据可靠性间所体现出来的相关性越大。

然而，出于实证考查的目的，审判人员个体特质对科学证据可靠性认定决策信息选择的影响，还要考虑审判组织形式间的差异。具体而言，实践中的审判主体存在独任审判与合议庭两种形式，两种形式的审判人员认知能力作用机制存在显著差异。对于独任审判而言，审判主体以单独个体存在，其决策意志在既定规则内完全自由，因而个体的认知能力差异在不同的审判组织间可以得到较为完整的体现，从而可以通过提取个体特质来实现对认知能力调节作用的检验。然而，对于合议庭形式的审判组织而言，合议庭成员要形成最终的科学证据可靠性认定决策，需通过合议庭成员集体分析探讨并综合所有成员意见或表决示意等形式来完成。与此同时，合议庭形式的审判组织相对于独任审判而言，在组成人数方面存在一定的优势，因此合议庭的知识背景与审判经验更加丰富。从概率角度来说，合议庭在知识背景与审判经验丰富程度方面的优势，可能在一定程度上会被最终转化为整体认知能力方面的优势。当然，合议庭在知识背景与审判经验方面的优势，最终能否有效地被转化成科学证据可靠性认定方面的认知能力优势，还需要结合群体决策理论进一步探讨。

群体决策过程可以描述为，决策者针对共同的决策问题给出自己的判断，然后按照预设规则进行意见的集结和方案的选择，根据群体的偏好进行排序选择，以给出方案的排序，或在不满足一致性的情

---

① 强调"固定时间段"的原因在于，认知水平及审判经验等特质都会随着时间变化而变化。

况下调整决策者偏好，直到达成群体一致的决策为止。① 相对于个体决策，群体决策过程主要包含以下显著特征。第一，有不少于两个个体参与，且每个个体都有属于自己的感知、态度、动机和个性方面的特征；第二，所有个体都认识到存在的共同问题，且具有基于该共同问题的共同目标与任务；第三，所有个体均试图将其各自关于共同问题的决策集结起来并达成最终解决方案。② 而群体决策理论主要关注信息如何在群体间管理与传递、最终决策如何形成以及全体成员如何交流沟通。结合法学领域及其他学科领域的研究成果，我们可以认为，群体决策的效果主要受群体规模即本群体所具有的成员数量、群体决策规则，以及群体成员所具有的个人特征等因素的影响。首先，决策群体具有的成员数量不同，对最终决策结果的形成造成的影响存在一定的差异。与大规模群体相比，小规模群体（2～5 人）发生利益冲突的概率较小，群体成员之间沟通相对方便快捷，且凝聚力更强，因而相对来说形成最终决策的速度更快；而群体规模相对较大（5～11 人）时，群体决策速度虽较小规模群体稍慢，但却能更有效地作出正确的决策；当群体成员数量超过一定规模时，则很难有效地作出决策。③ 其次，冲突解决机制，即当审判组织成员内部存在不同意见时以何种意见为准的规则会对最终决策的效果产生影响。④ 最后，在司法活动中，至少存在包括群体成员具有的权威性

① 徐玖平，陈建中. 群决策理论与方法及实现 [M]. 北京：清华大学出版社，2009：32-38.

② Bui T X. Co-oP：a group decision support system for cooperative multiple criteria group decision making [M]. Germany：Springer-Verlag Berlin Heidelberg，1987：19-20.

③ 甄朝党，陶敏阳. 群体决策优化的知识场模型 [J]. 中央民族大学学报（哲学社会科学版），2008（2）：32-37.

④ Davis J H. The decision processes of 6-and 12-person mock juries assigned unanimous and two-thirds majority rules [J]. Journal of Personality and Social Psychology，1975，32（1）：1-14.

（authoritarians）[1]，以及群体成员智力水平（intellective issue）[2] 在内的因素会对审判组织的决策效果产生影响。也就是说，合议庭成员所具备的认知能力是否能直接有效地作用于科学证据可靠性认定的思路与决策，需由群体组成形式以及议事规则等共同决定。由此，可以认为，个体特征虽可能导致合议庭成员间的认知能力差异，但这种认知能力差异是否能够进一步导致科学证据可靠性认定决策的差异，还取决于审判组织形式。也即，究竟何种形式的合议庭能将组成人员在教育背景及审判经验方面的优势最终转化为在科学证据可靠性认定方面的认知能力优势，还取决于审判组织形式。

据此，以法官与人民陪审员的配比为合议庭形式区分标准，即可提出审判组织形式对启发式因素与科学证据可靠性间相关性调节作用的研究假设：

研究假设 2：审判组织形式不同，鉴定机构可信度与鉴定意见真实性间相关性的大小存在差异。

（三）外部因素对审判人员决策行为的调节

与审判主体差异一样，科学证据可靠性认定过程中所出现的外部因素虽不是审判人员认定科学证据可靠性的直接影响因素，但它们通过对审判人员科学证据认知能力的影响，可以对审判人员的决策过程起到一定的调节作用。也即，外部因素可以作为调节变量来影响启发式因素与科学证据可靠性间的相关性。而该部分外部因素，依据前文阐述，应包括当事人异议、鉴定人答复以及辅助意见等三类。

---

[1]　Bray R M, Noble A M. Authoritarianism and decisions of mock juries-evidence of jury bias and group polarization [J]. Journal of Personality and Social Psychology, 1978, 36 (12)：1424 - 1430.

[2]　Kaplan M F, Miller C E. Group decision making and normative versus informational influence：effects of type of issue and assigned decision rule [J]. Journal of Personality and Social Psychology, 1987, 53 (2)：306.

首先，当事人异议对于科学证据可靠性认定影响因素的调节机理。依据前文关于当事人异议与审判人员决策路径选择的论述可以得知，当事人所提出的异议的针对性、专业性以及可理解性程度越高，审判人员对当前科学证据的认知能力得以提升的概率越高。反之，审判人员对当前科学证据的认知能力得以提升的概率越小。进一步而言，当事人所提出的异议的针对性、专业性以及可理解性程度越高，则审判人员随后选择中央路径并依据科学证据实质性信息对科学证据可靠性予以判断的概率越大。而当事人所提出的异议的针对性、专业性以及可理解性程度越低，实证检验所能观察到的启发式信息与科学证据可靠性间的相关性越大。

其次，鉴定人答复对于鉴定意见可靠性认定影响因素的调节机理。鉴定人答复对鉴定意见可靠性认定影响因素的调节作用，同样可以通过影响审判人员对于当前鉴定意见的认知能力来实现。理论上来说，鉴定人答复对于审判人员认知能力的提升，主要由陈述内容的可理解性决定。但依据鉴定人职责，其出庭的主要任务即解答当事人及审判人员关于科学证据的疑惑，其陈述的可理解性在司法实践中应不存在较大差异。并且，基于目前我国鉴定人出庭率较低的现状，鉴定人答复的可理解性应转化为是否存在鉴定人答复。具体而言，当存在鉴定人答复时，审判人员依据鉴定人答复使其针对当前鉴定意见的认知能力得到提升的可能性越大，也即使得审判人员选择中央路径并结合实质性信息来认定科学证据可靠性的概率越大，进而使得启发式信息与科学证据可靠性的相关性越小。相反，当不存在鉴定人答复时，审判人员对当前鉴定意见的认知能力得到提升的可能性越小，也即使得审判人员选择外围路径并结合启发式信息来认定科学证据可靠性的概率越大，进而使得启发式信息与科学证据可靠性的相关性越大。与此同时，作为司法鉴定的实践人员以及鉴定意见的撰写者，鉴定人对当事人或审判人员的疑义作出答复，尤其是出庭作证时对鉴定意见的进一步表述又会形成新的启发式信息，且该部分新的启发式因素较其他因素更为直观。因此，当存在鉴定人答复但审判人员仍需借助启发式信息作出决策时，审判人员可能更加信赖鉴定人在答复过程中所产生的新的启发式信息，从而使鉴定机构可信度与鉴定意见可靠性间的相关性减小。

最后，辅助意见对于科学证据可靠性认定影响因素的调节机理。如前文论及的，在科学证据可靠性认定过程中，能够对审判人员决策起到辅助作用的意见主要包括专家辅助人意见、专家咨询意见等。从理论上来讲，该部分辅助意见存在的目的，即为提升审判人员对当前科学证据可靠性的认知能力。但在具体的司法实践中，辅助意见是否能真正有效提升审判人员的认知能力，还要取决于辅助意见对于审判人员的可理解性等。也即，辅助意见的可理解性越高，其提升审判人员相应认知能力的可能性越大。然而，与鉴定人出庭类似，实践中辅助意见的存在率同样不高。① 因此，同样可将辅助意见的可理解性问题转换为辅助意见存在与否的问题。如此，可以认为，当存在辅助意见时，审判人员依据辅助意见使其针对当前科学证据的认知能力得到提升的可能性越大。也即，使得审判人员选择中央路径并结合实质性信息来认定科学证据可靠性的概率越大，进而使得启发式信息与科学证据可靠性的相关性越小。相反，当不存在辅助意见时，审判人员对当前科学证据的认知能力得到提升的可能性越小。也即，使得审判人员选择外围路径并结合启发式信息来认定科学证据可靠性的概率越大，进而使得启发式信息与科学证据可靠性的相关性越大。

据此，可以提出外部因素对启发式因素与科学证据可靠性认定间相关性调节作用的研究假设：

研究假设 3：当事人所提出的异议针对性、专业性以及可理解性程度越高，鉴定机构可信度与鉴定意见真实性间的相关性越小；

研究假设 4：与不存在鉴定人答复的情况相比，存在鉴定人答复

---

① 徐胜萍，张雪花. 论民事诉讼专家辅助人制度的完善 [J]. 海南大学学报（人文社会科学版），2016，34（3）：102-107.

时，鉴定机构可信度与鉴定意见真实性间的相关性更小；

研究假设 5：与不存在辅助意见相比，存在辅助意见时，鉴定机构可信度与鉴定意见真实性间的相关性越小。

（四）诉争利益对审判人员决策行为的调节

因法官的内部考核制度与错案责任追究制度存在缺陷，法官在科学证据可靠性认定中面临潜在的风险。出于对风险进行规避与控制的目的，法官需要通过提升内心确信标准来提升可靠性认定决策的准确性，从而使得科学证据可靠性认定对审判人员的认知能力提出了更高的要求。与此同时，法官在具体案件中所要面临的决策风险，受当事人所诉争之利益大小的影响。因此，诉争利益可能导致不同案件中法官所面临的决策风险的差异，从而进一步导致科学证据可靠性认定对审判人员的认知能力要求的差异。

作为现代经济学的理论基石之一，传统"经济人"假说包含的第一个基本命题，即经济人是自私的，追求自身利益最大化是经济人从事经济行为的根本动机。该假说自提出以来就不断受到批评与指责，且在批评与修正中得到发展。但无论是莱宾斯坦等提出的"X效率理论"，还是新制度经济学代表人物威廉姆森及诺斯等提出的关于"经济人"的新假设，都没有完全否定"经济人"的利己性。[①] 具体到司法研究领域中，"经济人"假说早在 20 世纪 80 年代就被域外学者用于阐释法官的决策行为。[②]并且，在 2004 年，Beenstock 与 Haitovsky 基于理性"经济人"假说提出了用于解释法官决策行为的系统模型。即基于"经济人"所具有的利己性，法官同样可被视为

---

① 徐传谌，张万成. "经济人"假设的发展 [J]. 当代经济研究，2004（2）：27-31.

② Rubin P H. The objectives of private and public judges [J]. Public Choice，1983，41：107-132.

在个案审理中寻求付出最小化以及预期利益最大化的个体。[①] 在我国，法学领域学者早在 20 世纪就已开始提倡将"经济人"假说应用于法学研究领域，并对基于"经济人"假说来分析包括当事人及法官在内的决策行为的科学性与正当性进行论证。[②] 在后续的法学研究成果中，有学者直接基于"经济人"假说，对我国法官在具体司法实践中的决策行为进行阐释。也即，法官作为经济社会的一部分，被认为与普通人一样，其自身也是理性的"经济人"，在司法审判中也具有追求自身利益最大化的本性。[③] 与此同时，如果既行程序规则及与其切身利益相关的管理规则与其作为"经济人"追求利益最大化的本性相冲突，则存在违背规则要求来维护自身利益并最终导致规则异化甚至失灵的可能。[④]

对于当事人而言，其参与诉讼是为了获取有利于自身的诉讼结果，因而其在诉讼程序中的趋利性不言而喻。[⑤] 也即，作为"经济人"，当事人在诉讼程序中所追求的基本利益，首先表现为胜诉所能带来的相关利益。但对于法官而言，追求执业风险的最小化，从而实现其合理个人利益的获得，则是其在诉讼程序中的趋利性主要表现之一。[⑥] 与此同时，鉴于当事人未能息诉服判主要源自其对个人利益的追求，我国法官的趋利性与当事人的趋利行为存在实质上的关联性。具体到司法实践中，当事人诉争的利益越大，当事人选择上诉或通过缠诉、信访闹访等非常规甚至非法途径争取与诉争利益相当之

① Beenstock M, Haitovsky Y. Does the appointment of judges increase the output of the judiciary [J]. International Review of Law and Economics, 2004, 24 (3): 351-369.

② 朱力宇. 论"经济人"假设在法学研究中运用的问题 [J]. 法学家, 1997 (6): 19-24.

③ 陈晓聪. 员额制改革背景下的法官约束与激励机制 [J]. 华东政法大学学报, 2016, 19 (3): 178-183.

④ 兰荣杰. 把法官当"人"看：兼论程序失灵现象及其补救 [J]. 法制与社会发展, 2011, 17 (5): 3-12.

⑤ 宫雪. 新刑事诉讼法专家辅助人制度的立法缺陷及其完善 [J]. 中南大学学报（社会科学版）, 2014, 20 (2): 92-98.

⑥ 傅爱竹. 法官管理制度与司法行为理论 [J]. 学习与探索, 2018 (3): 88-97.

利益的可能性越大。而当事人的该部分选择，不仅可能直接影响到法官的绩效考核，还会提升审判监督程序启动的可能性，从而提升法官决策行为被发现存在瑕疵或错误的可能性。故此，基于当事人在诉讼过程中存在的趋利性，诉争利益越大，法官所面临的决策风险越大。简言之，当事人所诉争的利益越大，当事人上诉的可能性就越大，当事人通过缠诉、信访闹访等非常规甚至非法途径争取与诉争利益相当之利益的可能性就越大，进而使得法官所面临的风险越大，法官规避与控制风险的欲望就越强，并最终导致内心确信标准以及认知能力要求的提高。而诉争利益大导致的内心确信标准的提高，则可能使法官更多地依赖启发式信息。一方面，原本通过认知范围内的实质性信息可以形成内心确信的法官可能需要寻求启发式信息的支持，以形成可信度更高的内心确信；另一方面，原本需要借助启发式信息形成内心确信的法官，在面对更高的内心确信标准时，可能形成对于启发式信息的更高依赖程度，并可能需要获取更多的启发式信息。申言之，诉争利益越大，审判人员对于启发式信息的依赖程度越大，即启发式信息与科学证据可靠性间的相关性越大。

据此，可以提出诉争利益对启发式因素与科学证据可靠性认定间相关性调节作用的研究假设：

研究假设 6：案件诉争利益越大，鉴定机构可信度与鉴定意见真实性间的相关性越大。

第四章　民事科学证据可靠性认定的实践形态

在明确我国民事科学证据可靠性认定状态基本假设的基础上，本章通过选取研究变量与实践数据，并适用统计分析方法检验研究假设。并且，通过解读假设检验结果，对我国民事科学证据可靠性认定实然状态，包括科学证据可靠性认定路径选择以及路径选择决定因素与影响机理进行分析与阐释。

一、民事科学证据可靠性认定实践形态的检验方案

（一）变量选取与测度

1. 科学证据可靠性

在我国司法实践中，科学证据可靠性评价的结果，最终理应表现为科学证据是否具备真实性。因此，基于鉴定机构可信度、科学证据可靠性以及真实性判定结果间的影响作用传递关系，作为实证研究变量的科学证据可靠性，应确定为二元分类变量，即其值应为鉴定意见是否具备真实性。与此同时，对于何种表述对应具备真实性，何种表述对应不具备真实性，还需结合鉴定意见审查质证的实践情况进行归类和区分。一方面，当事人未申请重新鉴定的情形。鉴定意见最

终被采信为事实认定依据的，即认为鉴定意见具备真实性；鉴定意见最终由于不具备真实性而未被采信为事实认定依据的，即认为鉴定意见不具备真实性。另一方面，当事人申请重新鉴定的情形。审判人员未准许当事人提出的重新鉴定申请且采信当前鉴定意见的，即认为该鉴定意见具备真实性；审判人员准许当事人提出的重新鉴定申请的，即认为鉴定意见不具备真实性。与此同时，如审判人员仅表明鉴定意见因缺乏合法性和（或）关联性而不被采信或启动重新鉴定的，属于真实性状态不明，不属于实证检验所要考虑的情形。[①]

2. 鉴定机构可信度

鉴定机构作为司法鉴定组织主体，相对于诉讼参与人员及潜在委托方的可信度，其可信度主要取决于诉讼参与人员或潜在委托方对鉴定意见质量的期许。如前文所述，鉴定意见质量与鉴定机构的资质、管理水平、仪器设备等硬件条件等有密切的关联。也即，鉴定机构相对于诉讼参与人员或潜在委托方的可信度，在一定程度上主要取决于其所具备的资质和管理水平以及仪器设备等硬件条件等。因此，以实证检验为目的，可采用鉴定机构资质、管理水平以及硬件条件等方面的信息衡量鉴定机构可信度。

（1）司法鉴定机构规模

司法鉴定机构作为营利性机构，与传统性质的企业类似，机构规模在一定程度上决定了其所具备的生产力。而鉴定意见作为"产品"，司法鉴定机构所具备的生产力会在一定程度上决定"产品"的质量。对审判人员而言，司法鉴定机构所体现出的生产力，有可能在一定程度上提升其对鉴定意见"产品"的认可度。[②] 也即，机构规模能够影响审判人员及其他相关主体对鉴定意见可信度的认知和评价。

[①] 合法性、关联性的评价均在法官的认知能力范围内，如认为鉴定意见存在合法性、关联性缺陷，审判人员理应会作出说明。因此，未明确记载不予采信及准予重新鉴定理由的情形，应推定为该决策系基于真实性判断所提出。

[②] 不同于经过全面审查后对于鉴定意见的认可度，此处的认可度应属于审判人员在内心形成的一种不受规则限制的认知。

结合司法鉴定机构的基本性质及其在业务推广过程中对于机构规模宣传中所包含的具体内容，司法鉴定机构规模可具体化为司法鉴定人资源与执业规模两个主要方面。①

依据司法鉴定行政主管部门颁布的规范性文件，司法鉴定人执业需依附于特定司法鉴定机构，司法鉴定机构的成立则必须满足一定的司法鉴定人数量要求。与此同时，司法鉴定人的执业活动，也需要司法鉴定机构予以统一组织与管理。因而，从司法鉴定行业的运营与管理来看，司法鉴定人与司法鉴定机构具有内在的统一性。而具体到司法鉴定机构的质量管理中，司法鉴定人的数量配置与司法鉴定人资质组成同样可以被认为是体现司法鉴定机构在鉴定意见质量方面可信度的重要指标。司法鉴定人数量在一定程度上能体现鉴定机构所能受理案件的容量，从而在拓展业务的同时能相对更好地保证司法鉴定的质量。② 而司法鉴定人的资质组成，则可以更为直观地体现司法鉴定机构的整体实力，司法鉴定人的知识水平与执业经验无疑是对司法鉴定质量的最好保障。实际上，部分地方司法鉴定行政管理部门颁布的规范性文件要求，对司法鉴定机构考评，应对其司法鉴定人员配置、司法鉴定人资质组成提出一定的量化考核指标。也即，要求司法鉴定人队伍中具备一定数量的高级职称司法鉴定人，从而直接印证了司法鉴定人资源与司法鉴定机构可信度间的内在联系。③ 与此同时，依据前文关于司法鉴定人与司法鉴定机构内在联系的分析与探讨，可使用平均鉴定人数与平均高职人数两个指标测度司法鉴定人资源。

---

① 具体宣传内容见江西求实司法鉴定中心在《中国司法鉴定》上刊载的宣传文本。参见江西求实司法鉴定中心 [J]. 中国司法鉴定，2019（3）：111.

② 当然，实践中也存在鉴定人数量较少但机构本身权威性较强等具体情形。但基于大样本数据所总结出的法官集体经验，本质上是一种集中趋势，即法官集体经验本身并不否定实践中所存在的特殊性。故该部分情形的存在并不影响本文将鉴定人数量确定为解释变量。参见白建军. 基于法官集体经验的量刑预测研究 [J]. 法学研究，2016，38（6）：140-154.

③ 参见湖南省司法厅 2014 年 11 月 7 日发布的《关于印发湖南省司法鉴定机构考评办法的通知》，http://sft.hunan.gov.cn/xxgk_71079/zcfg/gfxwj/201411/t20141107_4885893.html.

司法鉴定人数量，为案件中委托司法鉴定时间所对应年份，该司法鉴定机构所拥有的司法鉴定人总数量，具体数量以当年司法鉴定人名册所公开的数据为准。与此同时，由于司法行政机关对于各司法鉴定执业类别所应具有的司法鉴定人数量存在最低要求，司法鉴定执业事项数量与司法鉴定人总数量存在明显的相关性。为更加准确地体现司法鉴定人资源与司法鉴定执业事项数量间的差异性，本研究使用平均鉴定人数来体现司法鉴定机构所具备的司法鉴定人资源，即使用司法鉴定人总数量除以执业事项数量。关于司法鉴定人队伍的职称结构，司法鉴定机构所拥有高级职称司法鉴定人的数量通常最受关注。并且，与司法鉴定人总数相同，高级职称司法鉴定人数量同样会与执业事项数量存在一定的相关性。故此，对于司法鉴定机构所具有的高级职称司法鉴定资源，适用平均高职人数予以衡量，即高级职称人数除以执业事项数量。

（2）机构认证认可

作为决定司法鉴定质量的主要因素之一，包括鉴定仪器设备在内的鉴定机构所拥有的硬件条件，对于鉴定机构所出具的鉴定意见的质量影响甚重。在部分特定鉴定类别中，硬件条件甚至能够直接决定鉴定结论。[1] 为实现对鉴定机构的有效管理，以及对鉴定机构的鉴定质量管控，进而提升鉴定机构的司法鉴定水平，鉴定机构的认证认可一直是学界以及司法行政机关所提倡的主要方式之一。[2] 而近年来，司法行政主管部门全力规范和推进司法鉴定认证认可工作，并强调从事法医物证、法医毒物、微量物证以及环境损害鉴定业务的司法鉴定机构，应当通过资质认定或实验室认可。[3] 与此同时，包括《检验检测机构资质认定管理办法》（质检总局令第 163 号）在内的相关

---

① 钱松. 鉴定意见质证程序的初探 [J]. 中国司法鉴定, 2008 (3)：72-75.
② 霍宪丹. 中国司法鉴定体制改革的实践探索与系统思考 [J]. 法学, 2010 (3)：3-14.
③ 参见 2018 年 8 月发布的《司法部 国家市场监管总局关于规范和推进司法鉴定认证认可工作的通知》（司发通 〔2018〕89 号）。

文件对鉴定机构申请认证认可均提出较为明确的要求。可以认为，司法鉴定机构参与认证认可本身是司法行政主管部门所要求与提倡的。而为满足司法行政主管部门所提出的要求，只要满足认证认可条件的鉴定机构理应都会积极参与。因此，鉴定机构是否通过认证认可，能在较大程度上反映出鉴定机构在硬件条件与鉴定过程管理水平方面的差异。即以相关部门规定的机构资质认定标准为界限，通过认证认可的鉴定机构在硬件条件与鉴定过程管理水平上理应高于参加但未通过或未参加认证认可的鉴定机构。而依据前文对于鉴定机构可信度的解构可以得知，鉴定机构在认证认可方面的差异将进一步导致其在外部可信度方面的差异。由此，机构认证认可理应是影响鉴定意见可信度并最终影响鉴定意见可靠性的重要变量之一。与此同时，作为实证检验变量，是否通过认证认可，系指具体鉴定意见接受审查认定当时，鉴定机构是否已经通过认证认可。并且，通过认证认可应是已通过认证认可且认可资质在有效期内。

（3）与法院的业务往来

在诉讼程序进行过程中开展的司法鉴定，究竟应以何种形式对外委托鉴定机构，一直是理论界与实务界广泛探讨的话题。其中被学界诟病最多的，应属法院委托司法鉴定可能带来的腐败问题。如有学者指出，一些社会鉴定机构可能与法院间形成不成文契约，司法鉴定机构通过向法院提供回扣或介绍费的形式，换取其在该法院委托案件方面的数量与概率。[①] 而对于鉴定机构可信度，则更加应当关注鉴定机构与法院间的长期业务往来可能导致的法官对于特定鉴定机构鉴定意见产生的偏见。如有学者指出，法院与鉴定机构的长期固定合作关系，可能导致法官产生对于该特定鉴定机构的信任感，从而在审

---

① 陈如超. 民事司法鉴定中的法官行为规制［J］. 法商研究，2018，35（2）：124-137.

查与判断方面对该鉴定机构的鉴定意见更加宽松。[①] 也即，特定鉴定机构与特定法院间的业务往来越频繁，审判人员对于该鉴定机构的信任程度则可能会越高。[②] 据此，鉴定机构与法院间的业务往来程度，同样应是影响鉴定意见可信度并最终影响鉴定意见可靠性的重要变量之一。与此同时，由于特定鉴定机构与特定法院间的业务往来数量难以获取，以鉴定机构指定年份内所有受托案件中法院委托案件所占比例作为代理变量对鉴定机构与法院业务往来进行测度，更具可行性。因大部分鉴定机构的业务开展均具有一定的区域性，以该比例作为代理变量，能够较大程度反映出鉴定机构与该地区内法院间的业务往来情况，从而确保对业务往来测度的准确性。

（4）鉴定机构年龄

司法鉴定机构作为营利性机构，运营时间越长，其在运营管理方面的制度理应越完善，在从事机构营运范围内的业务能力同样理应随之增长。借鉴其他领域，尤其是针对机构运营方面的研究成果，鉴定意见在某种程度上等同于鉴定机构所出具的产品，因而鉴定机构年龄应作为司法鉴定机构所出具鉴定意见质量的影响因素之一。[③] 可以认为，司法鉴定机构的成立时间越早，即鉴定机构年龄越大，鉴定

[①] 张蕊，杨书怀. 法务会计鉴定意见的采信机制研究［J］. 会计研究，2013（8）：89-95.

[②] 近年来司法鉴定委托程序不断完善，采用摇号方式确定鉴定机构的比例也逐渐增长，法院与鉴定机构之间的固定业务往来关系可能有所减弱。但具体到本研究中，一方面，本研究系基于既往判决文书进行实证分析，即基于当时司法鉴定委托程序的完善程度，依据笔者对于司法鉴定实践状况的调研以及所引用文献中的表述可以得知，本研究所分析的具体样本案件之中，法院对外委托程序的完善程度并不高；另一方面，摇号只是确定鉴定机构的一种方式，并不排除其他方式的存在。即便是当前最新发布的《最高人民法院关于民事诉讼证据的若干规定》中，也不排除法院直接指定鉴定机构的方式，并且在组织当事人协商确定鉴定机构的过程中，也不能排除法官提出相关鉴定机构选择意见进而影响当事人决定的情形存在。因此，本研究对于既往数据的分析，验证了司法鉴定委托程序存在的弊端，也对后续司法鉴定委托程序的完善具有参考借鉴意义。

[③] 机构年龄通常都是检验组织机构运营实效研究中的重要控制变量，参见许鹿，孙畅，王诗宗. 政治关联对社会组织绩效的影响研究：基于专业化水平的调节效应［J］. 行政论坛，2018，25（4）：128-133.

机构自身所具备的可信度理应越高。由此，鉴定机构年龄同样应是影响鉴定意见可信度并最终影响鉴定意见可靠性的重要变量之一。与此同时，综合考虑鉴定机构年龄的定义与信息获取的可行性，鉴定机构年龄的具体值被确定为裁判文书落款日期减去鉴定机构成立日期所获得的月份时间差。

3. 调节变量

（1）审判组织形式

审判主体差异是影响鉴定机构可信度与鉴定意见可靠性间相关性的主要调节变量，而审判主体差异又可分为独任审判主体差异以及合议庭组成差异两个具体的类型。以合议庭形式审理的案件中，审判组织主体差异对决策结果的影响应更多地来自于合议庭组成形式、合议庭议事规则等群体决策因素。与此同时，因合议庭规则受相关规范性文件的统一规范与指引，因而议事规则不属于合议庭决策的差异性影响因素。据此，本文拟以审判组织组成人员的身份差异来衡量合议庭组成形式的内部差异。具体而言，由于人民陪审员与审判员在审判经验、知识背景以及审判职责方面的显著差异，依据人民陪审员在合议庭中的人数，将合议庭组成形式划分为三类：无人民陪审员、一名人民陪审员、两名人民陪审员。

（2）当事人异议

当事人异议对鉴定机构可信度与鉴定意见可靠性间相关性的调节，主要来源于不同类型的当事人异议对审判人员相对认知能力提升程度的差异。因而，对于当事人异议的测量，需有效结合对司法实践中当事人异议表述形式的认识与理解。通常情况下，当事人针对鉴定意见提出异议的对象大致包含四类，即鉴定程序、鉴定意见书形式、鉴定实质内容以及鉴定结论。其中鉴定程序为非涉及鉴定技术和方法适用的其他类程序，如委托程序、告知程序等；而针对鉴定结论提出异议，则是指当事人仅简单地不认可鉴定结论，但未能表述其详细理由。综合上述四类异议对象可知，其中仅有针对鉴定实质内容提出的异议，需要结合相应的专业知识，而其他类则属于常识性异议或法律规范层面的异议。为此，为同时满足差异化要求与可行性要求，依据司法实践中当事人异议可能存在的表述形式，应以当事人异议是否针对鉴定实质内容为基准对当事人异议进行划分，即划分为非专业性异议与专业性异议两类。

（3）鉴定人答复

由于并非所有案件中均有鉴定人对当事人或审判人员所提出的咨询或质疑作出答复，对于鉴定人答复的划分较当事人异议更为直观，即可直接划分为是否存在鉴定人答复两类。与此同时，鉴定人答复包括鉴定人依申请出庭所作出的口头陈述，以及鉴定人未出庭陈述时由鉴定机构所出具的针对当事人或审判人员质疑所作出的书面答复。

（4）辅助意见

以裁判文书中是否表明结合辅助意见进行鉴定意见审查为标准，将辅助意见的值设定为"是"与"否"，其中"是"指代审判人员进行鉴定意见审查过程中存在辅助意见的情形，而"否"则指代不存在辅助意见的情形。

（5）诉争利益

案件审理中，诉争利益的大小主要通过诉讼当事人提出的诉讼请求来体现。从广义上来讲，诉讼请求是当事人向法院提出的，要求法院予以判决的请求。① 由于诉讼请求是当事人向法院提出的具体权益请求，诉讼过程中双方当事人的辩论均围绕该权益请求展开，因而依据诉讼当事人所提出的诉讼请求来确定具体案件中的诉争利益大小具备理论基础。然而，由于当事人提出的诉讼请求既可能是实体权利方面的权益请求，也可能是程序上的权益请求，即使落实到特定类型的权益请求中，当事人提出诉讼请求的具体权益也存在差异。因

---

① 张卫平. 程序公正实现中的冲突与衡平：外国民事诉讼研究引论 [M]. 成都：成都出版社，1993：85.

此，如何对诉讼请求中的权益予以量化，是本研究所要解决的问题。

为有效实现对案件诉争利益大小的测度，本研究拟使用诉讼请求中所涉及的金钱数额为基准来实现对诉讼请求中权益的量化。具体而言，当事人诉讼请求为金钱给付的，本研究调节变量诉争利益的值即为诉讼请求所涉及的具体金钱数额；当事人诉讼请求为实物给付或物权确认的，以实物的等价金钱数额作为本研究调节变量诉争利益的值；当事人诉讼请求涉及如程序权益或其他无法直接实现金钱数额等价的权益的，视为数据缺失。

4. 控制变量

控制变量是指除研究假设所涉及的主要解释变量外，可能会对被解释变量产生显著影响的其他潜在变量。加入控制变量的目的，在于减少统计分析模型对潜在影响因素的遗漏，从而更好地验证解释变量与被解释变量间的因果关系。

（1）鉴定意见瑕疵

依据《民事证据规定》第 36 条，人民法院既要审查"鉴定材料""鉴定所依据的原理、方法""对鉴定过程的说明""鉴定意见""承诺书"等实质内容，也要审查"委托法院的名称""委托鉴定的内容、要求"以及签名盖章等形式要件。对于法官而言，以上任何一项实质内容与形式要件存在瑕疵，都有可能影响其对鉴定意见可靠性的判断。也即，鉴定意见实质内容与形式要件瑕疵，是鉴定意见可靠性的潜在且重要的影响因素，应成为研究假设检验中的控制变量。与此同时，当存在可直接否定鉴定意见可靠性的瑕疵或错误时，审判人员不再具有自由裁量空间。故此，作为控制变量的鉴定意见瑕疵，仅限于不能直接否定鉴定意见可靠性的瑕疵，且以形式性瑕疵为主。

（2）委托鉴定主体

旧版《最高人民法院关于民事诉讼证据的若干规定》第 71 条规

定,在一定程度上对委托方性质与鉴定意见证明力间的相关性作出肯定。[①] 一般而言,相比于当事人自行委托,人民法院委托鉴定被认为能够更好地控制司法鉴定程序,尤其是能够更好地避免因当事人与鉴定人过多接触而可能导致的鉴定意见质量的瑕疵。因而,鉴定意见可靠性的潜在影响因素,除鉴定意见是否存在瑕疵与错误外,还应考虑委托鉴定主体的性质。具体而言,实践中的委托鉴定主体可划分为法院、当事人以及第三方三种形式,其中第三方系指除法院与诉讼当事人以外的其他第三方主体。

（3）鉴定意见类别

不同类别鉴定意见所涉及的专业知识领域不同,鉴定意见所依据的科学原理以及开展司法鉴定过程中所使用的技术与方法也必然存在不同。科学证据所依据的科学原理以及分析过程中所使用的技术与方法不同,意味着科学的不确定性程度、技术方法的可重复性以及错误率等均在一定程度上存在差异,从而可能导致不同类型科学证据可靠性存在差异。[②] 因此,对于审判人员而言,鉴定意见类别不同,鉴定意见可靠性也可能存在差异。也即,鉴定意见类别同样应是鉴定意见可靠性的潜在影响因素之一。鉴定意见类别需要根据委托鉴定事项以及鉴定意见所载的具体内容,结合司法部颁发的司法鉴定执业分类规定中确定的司法鉴定执业分类进行确定。

5. 研究变量汇总

如表4.1所示,按照实证分析常用的变量归类方法,本研究选取的变量共有被解释变量、解释变量、控制变量以及调节变量4种类型,共14个变量。其中,被解释变量为科学证据可靠性,解释变量为机构认证认可、平均鉴定人数、平均高职人数、鉴定机构年龄、司法机关委托案件比例,控制变量为鉴定意见瑕疵、委托鉴定主体以及

---

① 本研究开展数据收集工作时,新的《民事证据规则》尚未发布,因而需要以旧版为依据。后文引用其他旧版规范性文件的,均为此原因。

② 张南宁. 科学证据基本问题研究［M］. 北京：中国政法大学出版社,2013：89.

鉴定意见类别，调节变量则为审判组织形式、当事人异议、鉴定人答复、辅助意见以及诉争利益。

表 4.1 变量定义与赋值

变量类型	变量名称	测量方法
被解释变量	科学证据可靠性	是否被认定具备真实性
解释变量	机构认证认可	鉴定意见审查阶段鉴定机构是否通过认证认可
	平均鉴定人数	司法鉴定人总数量除以执业事项数量
	平均高职人数	高级职称人数除以执业事项数量
	鉴定机构年龄	裁判文书落款日期减去鉴定机构成立日期所获得的月份时间差
	司法机关委托案件比例	年度案件量中司法机关委托案件数量占比
控制变量	鉴定意见瑕疵	鉴定意见是否被认定存在不能直接否定其可靠性的瑕疵或错误
	委托鉴定主体	法院、当事人以及第三方
	鉴定意见类别	根据委托鉴定事项以及鉴定意见所载的具体内容，结合司法部所颁发的《司法鉴定执业分类》中所确定的司法鉴定执业分类进行确定
调节变量	审判组织形式	独任审判、无人民陪审员、一名人民陪审员、两名人民陪审员
	当事人异议	专业性异议、非专业性异议
	鉴定人答复	是否存在鉴定人答复
	辅助意见	是否存在辅助意见
	诉争利益	诉讼请求所涉及的金钱数额

（二）样本数据来源与选取

1. 样本数据来源

根据所提出的研究假设以及变量的选取与设定，本研究所需样本数据分为两类。第一类为与科学证据可靠性审查相关的案件审理数据，第二类为与鉴定机构信息相关的数据。其中第一类案件数据主要由裁判文书所记载，但裁判文书中一般不对第二类数据进行详细阐述与记载，因而需要分别从不同渠道获取分析所需的样本数据。

对于第一类数据，即与鉴定意见可靠性审查相关的案件审理数据，拟从中国裁判文书网（http://wenshu.court.gov.cn/）获取。依据最高人民法院《关于人民法院在互联网公布裁判文书的规定》第2条规定，中国裁判文书网为全国法院公布裁判文书的统一平台。因而，出于对数据来源的全面性与权威性考量，中国裁判文书网为本研究实证检验所需的与鉴定意见可靠性审查相关案件审理数据的最佳来源。

对于第二类数据，需要从两个主要的公开渠道获取。第一个公开渠道，即各地区司法行政主管部门每年编撰并公开的《国家司法鉴定人和司法鉴定机构名册》。名册中记载有鉴定机构基本信息，以及司法鉴定人的组成情况。然而，在该部分公开的名册中，并不包含司法鉴定机构案件受理数量等在内的机构运营信息，也没有对机构认证认可等信息予以公开。因此，关于第二类数据，使用国家司法鉴定名录网（http://www.sfjdml.com/web/）作为获取渠道。[①] 国家司法鉴定名录网中的司法鉴定人及司法鉴定机构信息均由司法部司法鉴定行政主管部门授权发布，因而满足实证研究数据来源的权威性需求。与此同时，国家司法鉴定名录网中所公开的数据除各地区司法行政

---

① 当前，国家司法鉴定名录网（http://www.sfjdml.com/web/）已停用。

主管部门所编撰并公开的最近一年《国家司法鉴定人和司法鉴定机构名册》所记载的司法鉴定机构与司法鉴定人信息外，还包含机构认证认可以及年度委托案件量等数据信息。因而，将国家司法鉴定名录网作为获取第二类数据的另一公开渠道，可以有效实现本研究对于第二类数据的全面获取。

2. 样本选取方案

（1）确定司法鉴定类别

与英美法系国家的专家证人制度不同，我国司法鉴定机构与司法鉴定人须在司法鉴定行政主管部门所规定的执业类别范围内开展鉴定工作。经过多年的发展，我国司法鉴定类别的种类及其覆盖范围可以说已经十分广泛。因此，出于保障实证分析可行性与有效性的目的，须从现阶段种类繁多的司法鉴定类别中选择最具代表性的司法鉴定类别作为分析对象。具体而言，本文拟选取"三大类"鉴定作为分析对象，即法医类鉴定、物证类鉴定以及声像资料类鉴定。

首先，"三大类"所包含的司法鉴定事项，是被司法鉴定行政管理部门最初所确定的司法鉴定类别。在《司法鉴定执业分类规定》中共明确规定了 13 种司法鉴定执业类别，其中有 9 种均属于"三大类"鉴定。[①] 因此，从时间跨度上来说，以《司法鉴定执业分类规定》发布为时间节点，"三大类"所包含的鉴定类别属于时间跨度最长的司法鉴定类别的主要组成部分。对于本研究而言，选取"三大类"所包含的司法鉴定类别作为分析对象，可以有效保证获取数据的时间跨度。虽然依据 2015 年底最高人民法院、最高人民检察院、司法部联合印发的《关于将环境损害司法鉴定纳入统一登记管理范围的通知》，当前实行统一管理的司法鉴定类别实际应为"四大类"，但由于环境损害鉴定在 2016 年才被纳入统一管理，相关管理体系仍在逐步完善之中，其与传统"三大类"鉴定在时间跨度上存在较大

---

① 2024 年 12 月 26 日，《司法鉴定执业分类规定》经《中华人民共和国司法部公告第 15 号》废止。

差异。故此，出于确保时间跨度统一性的考量，为保证分析结果的稳健性，未将环境损害司法鉴定纳入本次实证研究分析范围。

其次，"三大类"所包含的司法鉴定事项一直是司法鉴定行政管理部门重点规范与监督的司法鉴定类别。在早期的司法鉴定机构认证认可中，从事"三大类"司法鉴定业务的司法鉴定机构属于司法鉴定行政主管部门的主要工作对象。① 与此同时，截至2018年，我国相关部门所发布的针对司法鉴定行业的技术标准中，大部分均为"三大类"所包含的司法鉴定事项范围内的技术标准，而其中又以针对法医类鉴定的技术标准最多。② 司法鉴定主管机关对于"三大类"所包含司法鉴定类别的严格规范与监管，在一定程度上使得在司法鉴定实践中，"三大类"鉴定机构的运营相比于其他鉴定机构的运营更加规范，从而进一步使得该部分鉴定机构的司法鉴定工作的开展更少受到其他因素的影响。对于本研究而言，更少的外界因素对司法鉴定机构运营产生影响，意味着审判人员在鉴定意见审查过程中所需考量的因素更加集中，从而能够使实证研究中对审判人员决策影响因素的分析具有更高的准确性。

最后，"三大类"司法鉴定业务量最大，且远大于其他类鉴定。以2017年为例，"三大类"司法鉴定业务量占全国当年所有司法鉴定业务量的比例超过90%，仅有不超过8%的司法鉴定业务为"三大类"以外的司法鉴定业务。③ 因此，从司法鉴定数量占比而言，选用"三大类"所包含的司法鉴定事项作为本研究的分析对象，基本已经可以代表我国司法鉴定实践的总体状况。

---

① 参见司法部、国家认证认可监督管理委员会2012年4月14日发布的《关于全面推进司法鉴定机构认证认可工作的通知》。

② 王旭，陈军. 2018'中国的法庭科学/司法鉴定标准建设与步伐 [J]. 中国司法鉴定，2019（2）：68-73.

③ 党凌云，张效礼. 2017年度全国司法鉴定情况统计分析 [J]. 中国司法鉴定，2018（3）：96-100.

（2）抽样方案

本研究的裁判文书数据主要来源于中国裁判文书网。基于裁判文书网的检索功能设置，只能通过关键字检索的方式来完成对涉及司法鉴定裁判文书的有效检索。然而，一方面，省级司法行政机关间对于具体鉴定类别的命名存在差异；另一方面，在具体的判决书表述中，审判人员也并非都按照司法行政机关所确定的鉴定类别名称进行表述，并且多数情况下判决书中仅对具体的委托鉴定事项进行详细表述。因此，以具体鉴定类别名称作为关键词进行裁判文书检索无法准确地实现裁判文书检索需求。故此，本研究拟采用以鉴定机构名称为关键字的方式来进行裁判文书检索，以最终完成对所需研究数据的选取。在具体裁判文书中，基本会记载受委托进行司法鉴定的鉴定机构名称。因此，相比于以鉴定类别为关键字，以鉴定机构名称为关键字进行裁判文书检索更有利于实现本次的研究目的。

与此同时，我国司法鉴定业务总量较大，仅2017年一年全国合法登记的司法机构完成的各类鉴定业务共计超过2000000件，且"三大类"司法鉴定业务量占比超过90%。因此，为确保实证研究开展的可行性，依据实证研究的通用解决方法，本研究使用抽样的方式缩小数据总量。也即，通过对随机抽样获得的样本进行分析，来实现对总体现状的分析探讨。当然，对于所要抽取的样本数量，应结合所要投入的人力、物力等综合因素，以较好地实现对总体现状的反映为目的进行确定，而并非是样本量越大越好。① 具体而言，根据长期以来包含统计学在内的相关领域的经验总结，就调查分析范围而言，全国性调查分析所需的样本总量为1500~3000。就抽样比例而言，总体规模不同，对应的抽样比例也有所不同。总体规模越大，则对应的抽样

---

① 张勇. 样本量并非"多多益善"：谈抽样调查中科学确定样本量［J］. 中国统计，2008（5）：45-47.

比例越小，当总规模大于 100000 时，抽样比例则在 1% 以下。[①] 综上，本文拟定的具体抽样步骤为以下五步。

第一步，依据各省公布的 2017 年司法鉴定机构和司法鉴定人名册，从中选取司法鉴定业务范围包含"三大类"鉴定业务的司法鉴定机构。依据司法部于 2005 年 9 月 30 日公布的《司法鉴定机构登记管理办法》第 28、29 条规定，省级司法行政机关负责编制本行政区域的司法鉴定人和司法鉴定机构名册，报司法部备案后，在本行政区域内每年公告一次。因此，本次鉴定机构总体依据 2017 年各省级司法行政机关公布的《国家司法鉴定人和司法鉴定机构名册》确定。[②] 依据 2017 年各省级司法行政机关公布的名册，涉及"三大类"鉴定的鉴定机构共 2313 个，其中 2216 个鉴定机构的执业范围涉及法医类司法鉴定，377 个鉴定机构的执业范围涉及物证类鉴定，79 个鉴定机构的执业范围涉及声像资料类鉴定。由于涉及不同类别的鉴定机构数量差异较大，为满足本研究的分析需求，对涉及不同鉴定类别的机构采取不同比例进行抽样。涉及声像资料类鉴定的机构较少，因此采用全样本。以声像资料类鉴定机构的样本数量为基准，抽取涉及物证类鉴定的机构的 1/5 作为样本，抽取涉及法医类鉴定的机构的 1/20 作为样本。另外，由于部分省份鉴定机构数量较少，为确保抽样的有效性，本次按区域对鉴定机构进行随机抽样。[③] 最终，本次抽样共获得鉴定机构 267 个。法医类共抽取鉴定机构 112 个，其中东部地区 40 个，中部地区 46 个，西部地区 26 个；物证类共抽取鉴定机构 77 个，

[①] 袁建文，李科研. 关于样本量计算方法的比较研究 [J]. 统计与决策，2013（1）：22-25.

[②] 本文开展数据抽样时，部分省份尚未公开 2018 年名册。因此，为确保鉴定机构抽样的一致性，统一选用 2017 年名册作为抽样依据。具体抽取结果参见本书附录鉴定机构抽样结果。

[③] 东部地区包括北京、天津、河北、辽宁、上海、江苏、浙江、福建、山东、广东、海南 11 个省（市）；中部地区包括山西、吉林、黑龙江、安徽、江西、河南、湖北、湖南 8 个省；西部地区包括内蒙古、广西、重庆、四川、贵州、云南、西藏、陕西、甘肃、青海、宁夏、新疆 12 个省（区、市）。东部地区、中部地区、西部地区的划分逻辑，请参见文姬. 醉酒型危险驾驶罪量刑影响因素实证研究 [J]. 法学研究，2016，38（1）：165-186.

其中东部地区 37 个，中部地区 18 个，西部地区 22 个；声像资料类共抽取鉴定机构 78 个，其中东部地区 39 个，中部地区 17 个，西部地区 22 个。第二步，分别以随机抽样获得的鉴定机构名称为关键字，在裁判文书网检索相应的民事判决书。经使用鉴定机构为关键字在裁判文书网进行检索，共检索到包含法医类鉴定机构名称的裁判文书 51198 份、物证类 47872 份以及声像资料类裁判文书 103651 份。第三步，对以鉴定机构名称为关键字检索到的民事判决书，按 1/10 的比例进行随机抽样。按照前文检索到的各类鉴定机构所对应的裁判文书数量，法医类实际应抽取裁判文书约 5120 份，物证类实际应抽取裁判文书约 4787 份，声像资料类实际应抽取裁判文书约 10365 份。第四步，对所获得的裁判文书，以其中涉及的单个司法鉴定为样本进行数据提取。由于所抽取的鉴定机构样本中，大部分鉴定机构均为综合类鉴定机构，为避免最终检索结果重复，在指定鉴定类别的数据提取中，仅对包含该类别鉴定意见的裁判文书中的相关信息予以提取，涉及其他类别鉴定意见的裁判文书信息则予以剔除。第五步，依据从裁判文书中提取的时间信息，对司法鉴定机构相应年份的数据予以提取，以实现对于本研究所需数据的补充完善。

（三）实证分析方法

1. 直接效应分析方法

对启发式信息与科学证据可靠性间相关性的分析，在本质上属于社会科学研究中典型的因果关系分析。也即，科学证据可靠性认定结果属于因果关系分析中的"果"，而启发式信息则属于有待验证的"因"。因此，对于启发式信息与科学证据可靠性间的因果关系，本研究通过构建相应统计模型进行检验。模型由因变量、自变量、控制变量以及可能存在的随机残项组成。其中，因变量、自变量以及控制变量依据相关理论予以明确并构建，而无法通过理论予以明确但可能对因变量造成影响的不可解释部分即为随机残项。[①] 而对于与统计模型相匹配的具体统计分析方法的选择，则需要依据所获取数据，尤其是因变量的数据类型予以确定。因本研究所确定的因变量科学证据可靠性为二元分类变量，故采用二元 logistic 回归模型作为分析工具，开展启发式信息与科学证据可靠性间因果关系的检验与分析。

具体而言，logistic 回归模型公式可表述为：

$$Y_i = \ln\left(\frac{p}{1-p}\right) = a + \sum_i^n b_i X_i$$

在本研究中，p 代表鉴定意见被认定为具有真实性的概率，$1-p$ 为鉴定意见未被认定为具有真实性的概率。X_i（$i=1$，2，3，…，n）代表本研究拟纳入回归模型的各自变量，b_i 则为各自变量 X 对因变量 Y 的影响系数。

作为一种专门适用于因变量为二元分类变量的典型多元因果关系分析方法，二元 logistic 回归分析所预测的，实际上是一种概率。更为确切地说，二元 logistic 回归分析可以明确，作为原因的每个具体因素能够导致某种具体结果产生的概率。质言之，二元 logistic 回归可以构建一个准确预测观测对象将会导致某一特定结果的概率的统计模型。[②] 据此，具体到启发式信息与鉴定意见可靠性的因果关系分析中，依据二元 logistic 回归分析的基本原理，可以预测特定启发式信息使得指定鉴定意见被审判人员认定为具备真实性的概率。更为具体的，结合本研究所提出的研究假设，该二元 logistic 回归分析方法可以检验，鉴定机构可信度越高，是否该鉴定机构所出具的鉴定意见的可靠性越高，进而该鉴定意见被审判人员认定为具备真实性的概率越大。因此，二元 logistic 回归分析方法完全符合本研究实证检验的需求。

---

① 彭玉生. 社会科学中的因果分析 [J]. 社会学研究，2011，26（3）：1-32+243.

② Mertler C A, Reinhart R V. Advanced and multivariate statistical methods: practical application and interpretation [M]. New York: Routledge, 2016: 307-308.

2. 调节效应分析方法

依据前文所提出的研究假设，除启发式信息与科学证据可靠性间的因果关系外，还需分析审判主体差异等因素对该潜在因果关系的调节作用。对于调节作用的检验，根据调节变量的数据类型，分析方法同样有所区别。并且，对于同种类型调节变量所产生调节作用的检验方法，也存在一定的多样性。具体到本研究所构建的调节变量，同时存在分类变量与连续变量，因而需根据自变量与调节变量的具体结合选取调节作用检验方法。

依据统计分析领域认可度较高的调节效应检验方式，当调节变量为分类变量时，需要进一步区分相应自变量的类型。具体而言，当调节变量与自变量均为分类变量时，应做方差分析。当调节变量为分类变量，而自变量是连续变量时，则存在两种可能的分析方法。一种方法为依据调节变量的类别对样本数据进行分类，分别对不同类别的数据进行分组回归分析，如果不同分组间自变量的回归系数差异显著，则认为调节效应显著；[①] 另一种方法则为，将调节变量重新编码转换为虚拟变量，然后将剔除参考变量后的虚拟变量分别与自变量相乘构建乘积项，然后将该部分乘积项加入模型进行回归分析，如果该乘积项的回归系数显著，则认为调节效应显著。[②] 与此同时，对于样本规模较小的研究而言，适用第一种分析方法将样本拆分，可能导致不同分组间的样本规模分配不均衡，从而可能对调节效应显著性的判断产生干扰。因而，较多学者不建议使用分组回归方法。[③] 因此，对于本研究而言，当调节变量为分类变量且自变量为连续变量时，采用转换虚拟变量并构建乘积项的方式进行调节效应检验。当调

---

① 温忠麟，侯杰泰，张雷. 调节效应与中介效应的比较和应用 [J]. 心理学报，2005，(2)：268-274.

② 陈晓萍，徐淑英，樊景立. 组织与管理研究的实证方法 [M]. 北京：北京大学出版社，2012：428.

③ 董维维，庄贵军，王鹏. 调节变量在中国管理学研究中的应用 [J]. 管理学报，2012，9 (12)：1735-1743.

节变量为连续变量时，仅需通过自变量与连续变量相乘构建乘积项并将乘积项加入回归模型进行分析检验。故此，本研究调节效应检验方法为：当自变量为分类变量时，使用方差分析方法检验调节效应；当自变量为连续变量时，先将调节变量转换为虚拟变量，再将剔除参考变量之后的虚拟变量与自变量相乘构建乘积项，然后将乘积项加入模型进行回归分析。

二、样本描述

（一）样本筛选结果

如图 4.1 所示，涉及法医类鉴定意见的有效裁判文书 3104 份，涉及物证类鉴定意见的有效判决书 697 份，涉及声像资料类鉴定意见的有效判决书 243 份。从抽样结果总体而言，本次抽样最终获得有效

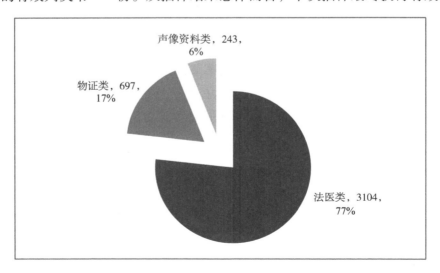

图 4.1 样本筛选结果

判决书共 4044 份。其中,涉及法医类鉴定意见的裁判文书占比 77%,涉及物证类鉴定意见的裁判文书占比 17%,涉及声像资料类鉴定意见占比 6%。依据司法部所统计的司法鉴定业务分布情况,本研究所抽样结果中涉及各类司法鉴定意见的裁判文书占比与我国司法鉴定业务分布基本相符。即说明,本次抽样结果具备有效性,能较好地反映鉴定意见审查的总体状况。

在数据筛选过程中,无效判决书的确定依据主要为以下六种。第一,系统返回结果错误。具体而言,主要包括重复裁判文书以及实际裁判文书内容中不包含与作为检索条件的司法鉴定机构名称对应的鉴定意见两种情形。第二,裁判文书内容表述不清。此种情况中,由于裁判文书内容表述过于简单,对于质证部分表述不清,尤其是对鉴定意见是否应予认可未予记载。第三,未出具鉴定意见。此种情况中,作为检索条件的司法鉴定机构名称在裁判文书中出现主要是由于诉讼过程所涉及的相关主体向该司法鉴定机构进行咨询或委托,但因包括不具备鉴定条件等原因未实际开展鉴定并出具鉴定意见。第四,未进行鉴定意见质证。此种情况中,未进行鉴定意见质证的原因主要在于,当事人诉讼请求因鉴定意见以外的其他原因被驳回、调解结案,以及依据公平责任分配责任时对于涉及责任分配的鉴定意见未予质证等。第五,对鉴定意见可靠性未予审查。即在鉴定意见与案件实体争议不具备关联性时,审判人员未对鉴定意见进行审查的情形。第六,非一审程序中对在先程序中提出的鉴定意见的审查不涉及可靠性认定。此种情况中,鉴定意见已有当事人在先前程序中作为证据使用并经过质证,在本审中对在先程序关于鉴定意见认定的决定提出异议时,该异议本质上仅涉及对一审程序规范性的审查。

（二）样本分布

1. 年份分布

如图 4.2 所示，依据裁判日期，本次所获得数据的时间跨度为 2009—2018 年。从裁判文书的总体年份分布来看，本次抽样所获得的裁判文书呈逐年上升趋势，且主要分布于 2014—2017 年。其中 2018 年裁判文书数量明显低于 2017 年的原因在于，数据抽样截止于 2018 年中。分别观察涉及不同类型鉴定意见的裁判文书年份分布可知，涉及三类司法鉴定意见的裁判文书的分布趋势基本一致，且主要集中于 2014—2017 年。

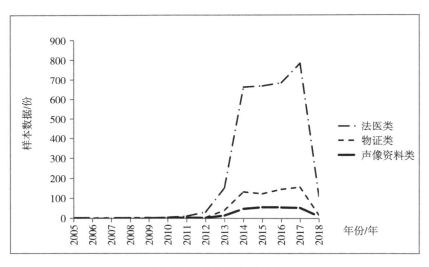

图 4.2　样本数据年份分布

综合上述裁判文书时间分布趋势分析可知，本次抽样所获得的样本数据时间跨度较长，能较好地满足科学证据可靠性认定实证分析对于司法实践时间跨度的要求。与此同时，基于总体裁判文书分布趋势与各类别裁判文书分布所体现出的一致性，可以验证，本次抽样结果与总体分布情况符合度较高，从而进一步验证了本次抽样方案的有效性。

2. 样本区域分布

按照出具裁判文书的法院所在的省份，本次抽样所获得样本数据的区域分布，如图4.3所示。本次抽样所获得的裁判文书中，东部地区裁判文书数量最多，共2004份，占总体裁判文书数量的49%。中部地区共1325份，占总体裁判文书数量的33%。西部地区最少，共715份，占总体裁判文书数量的18%。本次抽样所获得的裁判文书的区域分布情况，与我国民事诉讼案件的总体区域分布情况较为相符，从而进一步印证了本文抽样方案的合理性，即本次抽样所获得的数据能较好地反映科学证据审查的总体状况。

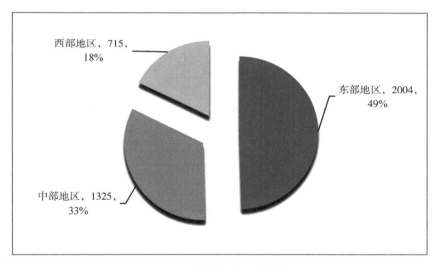

图4.3　样本数据区域分布

3. 审判程序

如表4.2所示，本研究所选取的裁判文书样本中，共有3928份为一审裁判文书，占总体裁判文书的97.1%。[①] 具体到涉及不同类别鉴定意见的裁判文书中，涉及法医类鉴定意见的裁判文书中共有

---

① 按照本研究抽样所获得的裁判文书所对应的审判程序，将审判程序进一步归类划分为一审与非一审两类，其中一审包含发回重审的情形，非一审则系指二审与再审程序。

3098 份为一审裁判文书，占涉及法医类鉴定意见裁判文书总量的 99.7%。涉及物证类鉴定意见的裁判文书中共有 620 份为一审裁判文书，占涉及物证类鉴定意见裁判文书总量的 89.0%。涉及声像资料类鉴定意见的裁判文书中共有 210 份为一审裁判文书，占涉及声像资料类鉴定意见裁判文书总量的 86.4%。

总体而言，本次抽样所得裁判文书中，绝大多数均为一审裁判文书。在涉及不同类别鉴定意见的裁判文书中，一审裁判文书所占比例虽存在一定差异，但非一审判决文书总体占比均较少。究其原因，一方面，非一审程序中当事人提交鉴定意见作为新证据的比例较低；另一方面，非一审程序较少直接涉及鉴定意见可靠性的评价。

表 4.2　审判程序与鉴定意见类别交叉分析

		法医类	物证类	声像资料类	合计
一审	频数	3098	620	210	3928
	审判程序内百分比	78.9%	15.8%	5.3%	
	鉴定类别内百分比	99.7%	89.0%	86.4%	
非一审	频数	6	77	33	116
	审判程序内百分比	5.2%	66.4%	28.4%	
	鉴定类别内百分比	0.3%	11%	13.6%	
合计		3104	697	243	

4. 当事人异议

据前文所述，依据旧版《最高人民法院关于民事诉讼证据的若干规定》所确定的证据自认规则，当事人对科学证据予以认可，或未针对科学证据提出异议的，应视为认可该科学证据的证据效力。据此，本部分依据当事人是否对诉讼过程中作为证据使用的鉴定意见提出异议对有效裁判文书进行分类，如表 4.3 所示。具体而言，共有 1523 份裁判文书中，至少有一方当事人对鉴定意见提出明确的异议。剩余 2521 份裁判文书中，双方当事人均未对鉴定意见提出异议。在当事人针对鉴定意见提出异议的裁判文书中，涉及法医类鉴定意见的裁判文书共 1149 份，占总体提出异议裁判文书总数的 75.4%，且占涉及法医类鉴定意见的裁判文书总数的 37%；涉及物证类鉴定意见的裁判文书共 288 份，占总体提出异议裁判文书总数的 18.9%，且占涉及物证类鉴定意见裁判文书总数的 41.3%；涉及声像资料类鉴定意见的裁判文书共 86 份，占总体提出异议裁判文书总数的 5.7%，且占涉及声像资料类鉴定意见裁判文书总数的 35.4%。

总体而言，当事人未针对鉴定意见提出异议的裁判文书数量要多于提出异议的裁判文书数量。并且，不论是在涉及何种类型鉴定意见的裁判文书中，当事人未针对鉴定意见提出异议的裁判文书数量都要多于提出异议的裁判文书数量。其中，涉及物证类鉴定意见的裁判文书中当事人提出异议的比例略高于涉及其他两类鉴定意见的裁判文书。具体到当事人提出异议的裁判文书中，涉及法医类鉴定意见的裁判文书占比最高，涉及物证类与涉及声像资料类的裁判文书占比较少。与此同时，综合各类别内部当事人异议比例可知，当事人提出异议的裁判文书在各鉴定意见类别间存在的明显分布差异，主要来自于涉及各类别鉴定意见裁判文书的总体分布差异。

表 4.3　当事人异议与鉴定意见类别交叉分析

		法医类	物证类	声像资料类	合计
是	频数	1149	288	86	1523
	异议内百分比	75.4%	18.9%	5.7%	
	鉴定类别内百分比	37%	41.3%	35.4%	
否	频数	1955	409	157	2521
	异议内百分比	77.5%	16.2%	6.3%	
	鉴定类别内百分比	63%	58.7%	64.6%	
合计		3104	697	243	

5. 鉴定意见瑕疵

据前文所述，审判人员是否认定鉴定意见存在瑕疵，以及认定存在何种形式的瑕疵，均会影响对鉴定意见可靠性的最终评价。因此，按照鉴定意见被认定存在瑕疵的情况下审判人员是否仍然具备自由裁量空间，本部分将抽样所获得的裁判文书中所涉及的具体瑕疵类型，划分为实质瑕疵、形式瑕疵以及未认定存在瑕疵三个大的类别。其中，实质瑕疵，即影响审判人员对于鉴定意见实质审查的瑕疵。存在实质瑕疵的鉴定意见应依规则予以否定，审判人员不再就鉴定意见可靠性展开自由裁量。在本研究抽样结果中，此类瑕疵主要包括违反强行性法律规范、与客观事实不符以及科学原理或技术方法使用错误等。对于存在形式瑕疵的，审判人员不能直接否定鉴定意见，需要进一步结合形式瑕疵及其他相关信息评价鉴定意见的可靠性。在本研究抽样结果中，形式瑕疵主要包括鉴定意见书存在的书面瑕疵与错误、鉴定程序存在的非直接导致鉴定意见无效的瑕疵与错误等。

如表 4.4 所示，共有 50 份裁判文书中审判人员认定鉴定意见存在实质瑕疵，有 35 份裁判文书中审判人员认定鉴定意见存在形式瑕疵，剩余 3959 份裁判文书中的鉴定意见则均未被审判人员认定存在瑕疵。进一步分析，在审判人员认定鉴定意见存在实质瑕疵的裁判文书中，共有 46 份裁判文书中所涉及的鉴定意见类型为法医类，占鉴定意见存在实质瑕疵裁判文书总量的 92%，且占涉及法医类鉴定意见裁判文书总量的 1.5%；共有 4 份裁判文书中所涉及的鉴定意见类型为物证类，占鉴定意见存在实质瑕疵裁判文书总量的 8%，且占涉及物证类鉴定意见裁判文书总量的 0.6%；而涉及声像资料类鉴定意见的裁判文书中则不存在被认定为存在实质瑕疵的情形。在审判人员认定鉴定意见存在形式瑕疵的裁判文书中，共有 12 份裁判文书中所涉及的鉴定意见类型为法医类，占鉴定意见存在形式瑕疵裁判文书总量的 34.3%，占涉及法医类鉴定意见裁判文书总量的 0.4%；共有 22 份裁判文书中所涉及的鉴定意见类型为物证类，占鉴定意见存在形式瑕疵裁判文书总量的 62.9%，占涉及物证类鉴定意见裁判文书总量的 3.2%；仅有一份裁判文书中所涉及的鉴定意见类型为声像资料类，占鉴定意见存在形式瑕疵裁判文书总量的 2.8%，占涉及声像资料类鉴定意见裁判文书总量的 0.4%。

总体而言，鉴定意见被认定为存在瑕疵或错误的裁判文书较少。其中，鉴定意见被认定为存在实质瑕疵的裁判文书占比略高于鉴定意见被认定为存在形式瑕疵的裁判文书。在涉及不同类别鉴定意见的裁判文书中，法医类鉴定意见被认定为存在实质瑕疵的裁判文书绝对数量明显高于其他类别鉴定意见被认定为存在瑕疵的裁判文书数量。其原因可能在于，在涉及"三期"鉴定的法医类鉴定中，由于现行法律规范对"三期"认定已有明确规定，因此存在较多的包含"三期"认定的鉴定意见因与现行法律规范相悖而被认定为存在实质瑕疵。

表 4.4　鉴定意见瑕疵与鉴定意见类别交叉分析

		法医类	物证类	声像资料类	合计
实质瑕疵	频数	46	4	0	50
	瑕疵内百分比	92%	8%	0	
	鉴定类别内百分比	1.5%	0.6%	0	
形式瑕疵	频数	12	22	1	35
	瑕疵内百分比	34.3%	62.9%	2.8%	
	鉴定类别内百分比	0.4%	3.2%	0.4%	
未认定瑕疵	频数	3046	671	242	3959
	瑕疵内百分比	76.9%	16.9%	6.2%	
	鉴定类别内百分比	98.1%	96.2%	99.6%	
合计		3104	697	243	

6. 重新鉴定申请

据前文所述，当事人是否提出重新鉴定申请同样是本研究需要关注的要点之一。故此，在当事人针对鉴定意见提出异议的样本数据中，本部分对当事人是否提出重新鉴定申请进行区分。如表 4.5 所示，在当事人针对鉴定意见提出异议的样本数据中，共有 490 份裁判文书中当事人提出重新鉴定申请，占当事人针对鉴定意见提出异议裁判文书的32.2%。具体到涉及不同鉴定类别的样本数据中，共有420份涉及法医类鉴定意见的裁判文书中当事人提出重新鉴定申请，占当事人针对鉴定意见提出重新鉴定申请裁判文书的85.7%；共有66份涉及物证类鉴定意见的裁判文书中当事人提出重新鉴定申请，占当事人针对鉴定意见提出重新鉴定申请裁判文书的13.5%；共有4份涉及声像资料类鉴定意见的裁判文书中当事人提出重新鉴定申请，占当事人针对鉴定意见提出重新鉴定申请裁判文书的0.8%。

总体而言，当事人针对鉴定意见提出异议的同时提出重新鉴定申请的情形并不少见。在涉及不同类别鉴定意见的裁判文书中，均存在一定比例的当事人提出重新鉴定申请。且在涉及法医类鉴定意见的裁判文书中，当事人提出重新鉴定申请的比例最高，物证类次之。而在涉及声像资料类鉴定意见的裁判文书中，当事人提出重新鉴定申请的比例显著低于前两类。

表4.5　重新鉴定申请与鉴定意见类别交叉分析

		法医类	物证类	声像资料类	合计
	频数	729	222	82	1033
否	重新鉴定内百分比	70.6%	21.5%	7.9%	
	鉴定类别内百分比	63.4%	77.1%	95.3%	
	频数	420	66	4	490
是	重新鉴定内百分比	85.7%	13.5%	0.8%	
	鉴定类别内百分比	36.6%	22.9%	4.7%	
合计		1149	288	86	1523

三、变量描述与分析

变量描述系为后续研究假设检验部分提供基础，即通过对变量的属性与具体观测值进行描述，更好地实现对数据结构的认识与理解。对变量间相关性的分析则可以对变量的有效性等进行检验，从而更好地构建研究假设检验部分的回归分析模型。依据前文所构建的实证研究方案，变量描述与分析以及研究假设检验部分仅使用当事人提出异议且鉴定意见未被审判人员认定存在实质瑕疵的裁判文书数据，共 1477 份。据此，在变量描述与分析部分，仅依据该部分数据对前文所设定的变量予以描述与分析。

（一）分类变量描述

依据前文对研究变量的设定，本研究共从样本数据中最终提取获得包括鉴定意见类别、鉴定意见瑕疵、鉴定委托方、机构认证认可、当事人异议、鉴定人答复、审判组织形式以及科学证据可靠性等 8 个分类变量。[①] 8 个分类变量的各类别数量及其所占百分比数据，如表 4.6 所示。

鉴定意见类别变量中，法医类、物证类以及声像资料类所占百分比分别为 74.9%、19.2% 以及 5.8%，说明在当事人提出异议的裁判文书中，涉及各类别鉴定意见的裁判文书占比与抽样结果的总体状况基本一致。在鉴定意见瑕疵变量中，被审判人员认定存在瑕疵的频数为 23，百分比为 1.6%，说明鉴定意见被审判人员认定存在形式瑕疵的比例极少。在委托鉴定主体变量中，委托鉴定主体单方当事人、法院以及第三方所占的百分比依次为 47.3%、46.8% 以及 5.9%，说明作为证据提交的鉴定意见中，委托鉴定主体为单方诉讼当事人的情形并不是少数，其数量几乎与法院委托鉴定数量持平。在机构认证认可变量中，变量值为"是"的频数为 341，占比 23.1%，说明在出具鉴定意见时，已经通过机构认证认可的司法鉴定机构并不多。在审判组织形式变量中，独任审判的频数为 830，占比 54.5%。独任审判

---

① 在裁判文书内容提取过程中，未发现明确表述存在辅助意见的裁判文书，因而未获取辅助意见变量。

与合议庭形式在实践当中的存在比例较为接近。并且，进一步观测合议庭不同形式的分布比例可知，不同形式的合议庭的分布同样较为均匀。在鉴定人答复变量中，变量值为"是"的频数为80，占比仅为5.4%，说明在鉴定意见质证过程中鉴定人针对当事人异议进行答复的比例非常低。这一比值分布印证了学界所诟病的鉴定人出庭率较低的司法实践状况。并且，由于本研究所设定的鉴定人答复包含书面答复形式，鉴定人出庭参与质证的比例实际上更低。在科学证据可靠性变量中，值为"是"的频数为1188，占比80.4%，说明较多鉴定意见被审判人员认定为具备真实性，这一比值分布也反映出我国司法鉴定意见采信率高的状况。[①] 在当事人异议变量中，变量值为"专业性异议"的频数为221，占比为15.0%，说明当事人异议中包含专业性信息的比例同样不高，大部分当事人提出的异议均是依据非专业知识对鉴定意见实质内容以外的其他方面所提出的。

表 4.6　分类变量描述

变量		频数	百分比
鉴定意见类别	法医类	1107	74.9%
	物证类	284	19.2%
	声像资料类	86	5.8%
鉴定意见瑕疵	是	23	1.6%
	否	1454	98.4%
委托鉴定主体	单方当事人	699	47.3%
	法院	691	46.8%
	第三方	87	5.9%
机构认证认可	是	341	23.1%
	否	1136	76.9%

---

① 贾治辉，官胜男. 笔迹鉴定意见采信实证研究［J］. 证据科学，2018，26（3）：312–329.

续表

变量		频数	百分比
审判组织形式	独任审判	830	54.5%
	无陪审员	195	12.8%
	一名陪审员	268	17.6%
	两名陪审员	230	15.1%
鉴定人答复	是	80	5.4%
	否	1397	94.6%
科学证据可靠性	是	1188	80.4%
	否	289	19.6%
当事人异议	专业性异议	221	15.0%
	非专业性异议	1256	85.0%

通过对分类变量的描述与分析可知，除鉴定意见瑕疵与鉴定人答复两个变量外，其他分类变量的数据分布都较为均匀，能够满足后续回归分析的要求。与此同时，部分变量所反映的比值分布与我国司法实践中较为明确的状况相符，从而也进一步验证了数据抽样结果的有效性。而对于鉴定意见瑕疵与鉴定人答复两个变量，还需根据本研究所拟使用的 logistic 回归分析方法对分类变量的数据分布要求进行进一步检验。

（二）连续变量描述

依据实证研究设计方案，本研究共需从样本数据中提取包括平均鉴定人数、平均高职人数、机构年龄、诉求金额以及司法机关委托案件比例等连续变量。但其中除诉求金额外，其他变量均需通过相应基础变量换算而来。因此，在开展连续变量描述分析前，需先对基础变量进行描述，以明确数据处理与换算方案。具体而言，除诉求金额外，本研究所涉及的基础变量还包括首次获准登记日期、执业事项数量、鉴定人数、高级职称人数、业务总量、司法机关委托业务量。对于该部分数据的描述，如表4.7所示。

首次获准登记日期最小值为1980/06/20，最大值为2017/02/28，说明拟用于后续回归分析数据样本中所涉及的司法鉴定机构，运营时间最长的机构成立日期为1980年6月20日，运营时间最短的机构成立日期为2017年2月28日。执业事项最小值为1，最大值为21，说明机构间执业事项数量变动范围较大。结合鉴定人数与高级职称人数的最大值与最小值比较，可以得知，本次拟用于回归分析的样本数中所涉及的司法鉴定机构在规模上变动范围较大。业务总量与司法机关委托业务量最小值均为0，其原因在于在国家司法鉴定名录网中存在个别机构将该两项数据均登记为0。由于实际运营的鉴定机构一般不会出现当年业务量为0的情况，因而该个别鉴定机构业务量数据可能为登记过程中出现的异常值。具体到各项数据所对应的样本量中，可以得知，所有作为基础数据使用的变量均存在一定数量的缺失值。由于各变量的缺失值比例均不高，因此，按照统计分析中常用的缺失值处理方法，本研究对业务总量、司法机关委托业务量以及诉求金额采用序列平均值予以填补。而对于鉴定人数与高级职称人数，由于机构内部在不同年份之间的人数变动较小，因而采用临近平均值予以填补。①对于业务总量与司法机关委托业务量两个基础变量，则是在计算出司法机关委托业务比例后，对司法机关委托业务比例

---

① 缺失值填补方法，参见张松兰，王鹏，徐子伟. 基于统计相关的缺失值数据处理研究 [J]. 统计与决策，2016（12）：13-16。

中的缺失值采用机构内平均值予以填补。① 首次获准登记日期的缺失值，同样在计算机构年龄后进行填补。

表 4.7　基础变量描述

变量	最小值	最大值	平均值	标准差
首次获准登记日期	1980/06/20	2017/02/28	—	—
执业事项数量	1	21	3.41	2.638
鉴定人数	3	120	19.10	17.286
高级职称人数	0	90	11.16	12.631
业务总量	0	45578	2862.68	5454.738
司法机关委托业务量	0	36502	2143.13	4607.395
诉求金额	3568	348375520	747857.65	9596338.005

通过以缺失值填补为主的方式对上述基础连续变量进行处理后，即可通过前文所确定的变量测度方式获得回归分析所需的连续变量。对于该部分连续变量的描述，如表 4.8 所示。对于机构年龄，因以月为单位计算，其最小值为 0 则表明存在部分鉴定意见出具时间与机构成立时间较为接近的情况。由于业务总量为 0 时，司法机关委托业务比例计算为缺失值。因此，司法机关委托业务比例为 0，则表明对应司法鉴定机构在当年业务总量中并不包含司法机关委托鉴定的情况。与此同时，综合比较各连续变量可以发现，机构年龄与诉讼金额在数据量级上明显高于其他连续变量，因此，为保证后续回归分析结果的

---

① 如前文变量选取部分所论述的，在司法实践中，尤其是对外委托机制未得到有效规制前，出于对鉴定机构权威性的认可或法院与鉴定机构之间的非正当业务往来关系，法院在确定鉴定机构时往往带有一定的倾向性，故此，法院与司法机关之间的业务往来可能具备一定的持续性，使用机构内平均值对司法机关委托业务量进行缺失值填补具有较好的解释效力。与此同时，虽然本文从国家司法鉴定名录网获取业务量信息时，系统显示业务量时间跨度为 2016 年 12 月至 2018 年 6 月，但由于样本裁判文书的判决时间主要集中于 2014—2017 年，即样本时间跨度实际上并不大，且如首次获准登记时间所显示的，部分鉴定机构成立时间较晚，且实际获取的样本中大部分鉴定机构并不是在每个年份内均有案件分布，故在鉴定机构内部，业务量数据的总体缺失比例不大，因而，对缺失值进行填补不影响整体数据的解释效力。

稳健性，应使用这两个变量的自然对数进行回归分析。

表 4.8　连续变量描述

变量	最小值	最大值	平均值	标准差
机构年龄	0.00	421.00	122.9024	59.46680
平均鉴定人数	1.00	34.57	6.6526	4.27264
平均高职人数	0.00	31.50	3.9839	3.67925
司法机关委托业务比例	0.00	1.00	0.6395	0.29309
诉求金额	3568	348375520	747245.25	9415847.595

（三）变量相关性分析

两个变量间的相关性，一方面，可以体现变量间所包含的解释性信息的相似程度。基于前文变量选取时的理论阐述，本研究启发式信息相关变量所包含的解释性信息理应具有一定的相似性，因而变量间的相关性分析可以在一定程度上检验变量选取的科学性。另一方面，作为回归分析的前提条件之一，用于回归分析的自变量间不能存在过高的相关性，以免导致回归分析过程中的共线性问题。如果两个自变量高度相关，说明两个变量所包含的解释性信息高度相似，从而使得将两者同时纳入回归分析模型的意义不复存在。并且，两个变量间的高度相关性同样可能进一步导致共线性问题，进而影响回归分析模型的稳健性。[①] 据此，为确保后续回归分析的有效性与稳健性，在正式开始回归分析前，需要对连续型自变量间的相关性进行检验。具体相关性分析结果，如表 4.9 所示。

从相关性分析结果来看，本研究所选取的连续变量间，除机构年龄与司法机关委托业务比例，平均鉴定人数与诉求金额，平均高职人

---

① 游士兵，严研. 逐步回归分析法及其应用 [J]. 统计与决策，2017（14）：31-35.

数与诉求金额，以及司法机关委托业务比例与诉求金额间不存在显著相关性以外，其他变量间均存在不同程度的显著相关性。其中，平均高职人数与平均鉴定人数均为反映司法鉴定机构规模的变量，二者间具有显著相关性，说明二者在包含的解释性信息方面存在相似性。与此同时，司法机关委托业务比例与其他启发式信息在本质上存在差异，其与机构年龄间的相关性不显著，同样可以得到解释。

表 4.9　相关性分析

变量	机构年龄（自然对数）	平均鉴定人数	平均高职人数	司法机关委托业务比例	诉求金额（自然对数）
机构年龄（自然对数）	1				
平均鉴定人数	0.147***	1			
平均高职人数	0.215***	0.788**	1		
司法机关委托业务比例	−0.011	0.209***	0.046*	1	
诉求金额（自然对数）	0.065**	0.020	0.008	0.041	1

注：* 在 0.1 水平上显著相关，** 在 0.05 水平上显著相关，*** 在 0.001 水平上显著相关。

然而，同样需要注意的是，平均高职人数与平均鉴定人数间的相关系数最高，达到了 0.788。依据统计分析中关于自变量间相关性检验的共识，如自变量之间相关系数大于 0.7，则可能导致回归分析过程中出现较为严重的共线性问题。因此，由于平均高职人数与平均鉴定人数之间的相关系数已超过该临界值，为保证后续回归分析结果的有效性，需要在开展回归分析前进一步进行共线性诊断，以明确该高度相关性是否会导致回归分析中的严重共线性问题。如果共线性诊断结果显示确实会导致严重共线性问题，则应对该部分变量予以处理。而在不影响结果解释的情况下，避免回归分析中产生严重共线性问题的最直接的方式，即删除相关性过高变量中相对较为次要的变量。[1]

（四）变量有效性检验

依据变量描述分析结果，分类变量与连续变量中均存在部分变量可能不符合 logistic 回归分析要求的情形。据此，在前文描述性分析结果的基础上，还需要进一步对该部分可能不符合分析要求的变量进行进一步的检验，以明确其是否能被纳入拟构建的 logistic 回归模型。

1. 分类变量有效性检验

依据前文对分类变量的描述，鉴定意见瑕疵与鉴定人答复因其类别中存在部分类别占比极少的情况，而可能不符合回归分析要求，因此需要进行进一步检验。具体而言，logistic 回归分析方法要求作为自变量的分类变量与因变量的交叉分析结果中，期望频数小于 5 的单元格比例不超过 20%。[2] 据此，须将鉴定意见瑕疵与鉴定人答复两个变量分别与因变量进行交叉分析，以验证这两个自变量是否符合该要求。鉴定意见瑕疵与科学证据可靠性的交叉检验结果如表 4.10 所示。结果显示，有 1 个单元格的期望频数小于 5，期望频数小于 5 的单元格比例为 25%，即可认为，鉴定意见瑕疵无法较好地满足 logistic 回归模型构建要求，应予舍弃。

---

① Tabachnick B G, Fidell L S, Ullman J B. Using multivariate statistics [M]. Boston, MA: Pearson, 2007: 97.

② Mertler C A, Reinhart R V. Advanced and multivariate statistical methods: practical application and interpretation [M]. New Youk: Routledge, 2016: 297.

表 4.10　鉴定意见瑕疵与科学证据可靠性交叉分析

| | | 是否认可 | | 合计 |
		否	是	
鉴定意见瑕疵	否	274	1180	1454
	是	15	8	23
合计		289	1188	1477

a. 1 个单元格（25%）的期望频数小于 5

鉴定人答复与因变量的交叉检验结果如表 4.11 所示。结果显示，所有单元格的期望频数均大于 5，期望频数小于 5 的单元格比例为 0。因此，鉴定人答复变量满足 logistic 回归分析的基本要求，可被纳入后续拟构建的 logistic 回归模型。

表 4.11　异议答复与科学证据可靠性交叉分析

| | | 是否认可 | | 合计 |
		否	是	
是否存在异议答复	否	284	1113	1397
	是	5	75	80
合计		289	1188	1477

a. 0 个单元格（0%）的期望频数小于 5

综合上述交叉检验结果可知，在存在部分类别比值极少的两个分类变量中，鉴定意见瑕疵因不符合 logistic 回归分析要求应予舍弃，而鉴定人答复则符合要求应予保留。进而，可以得知，在本研究选取的 8 个分类变量中，除鉴定意见瑕疵变量无法满足 logistic 回归分析的前提条件而应予舍弃外，其他分类变量均能较好地满足回归分析需求，应予纳入拟构建的 logistic 回归模型。

2. 多重共线性诊断

由于前文相关性分析结果显示平均高职人数与平均鉴定人数间具有较高的相关性，为保证研究假设部分回归分析结果的准确性与有效性，在正式开始回归分析前，应先对其进行共线性诊断。对于共线性诊断，较为通用的方法是使用线性回归模型计算 Tolerance 与 VIF 值，并观测 Tolerance 或 VIF 值，任一自变量对应的 Tolerance 值小于0.1 或 VIF 值大于 10 则认为存在共线性问题。[①] 具体到本研究中，由于因变量为分类变量，无法直接构建线性回归模型计算 Tolerance 与 VIF 值。故此，需要先构建一个新的连续型变量作为 Tolerance 与 VIF 值计算模型中的因变量。据此，共线性诊断的具体方法为，依据每个数据所对应的编号构建新的变量，并以该新的变量作为因变量，以机构年龄、平均鉴定人数、平均高职人数、司法机关委托业务比例以及诉求金额作为自变量进行线性回归分析，计算 Tolerance 与 VIF 值，并通过观测 Tolerance 或 VIF 值来实现关于是否存在严重共线性问题的诊断。表 4.12 为用于共线性诊断的线性回归结果，通过观测 Tolerance 值可知，各自变量的 Tolerance 值均大于0.1，说明使用该部分自变量并不会导致严重共线性问题。据此可以得知，虽然相关性分析结果显示平均高职人数与平均鉴定人数间具有较高的相关性，但将二者同时引入回归分析模型并不会导致严重共线性问题，即该两个变量可被同时纳入后续 logistic 回归分析模型。

表 4.12　共线性诊断

Model	Unstandardized Coefficients		Standardized Coefficients	t	Sig.	Collinearity Statistics	
	B	Std. Error	Beta			Tolerance	VIF
（Constant）	−554.256	130.178		−4.258	0.000		
司法机关委托业务比例	542.720	35.841	0.359	15.143	0.000	0.912	1.096
平均鉴定人数	−0.283	4.043	−0.003	−0.070	0.944	0.337	2.965

---

① 林乐义，印凡成. 基于聚类分析和因子分析消除多重共线性的方法 [J]. 统计与决策，2008（8）：153-155.

续表

Model	Unstandardized Coefficients		Standardized Coefficients	t	Sig.	Collinearity Statistics	
	B	Std. Error	Beta			Tolerance	VIF
平均高职人数	3.188	4.614	0.026	0.691	0.490	0.349	2.864
机构年龄	117.184	43.679	0.064	2.683	0.007	0.887	1.127
诉求金额	108.780	19.590	0.126	5.553	0.000	0.991	1.009

四、研究假设检验

经过变量描述与相关性分析，最终能够用于回归分析的变量为鉴定意见类别、委托鉴定主体、机构认证认可、鉴定人答复、当事人异议类型、科学证据可靠性、机构年龄、平均鉴定人数、平均高职人数、司法机关委托业务比例以及诉求金额等11个变量，其中鉴定意见类别、委托鉴定主体、机构认证认可、机构年龄、平均鉴定人数、平均高职人数以及司法机关委托业务比例为自变量，科学证据可靠性为因变量，鉴定人答复、当事人异议类型以及诉求金额为调节变量。据此，本小节将以上述变量为基础，使用 logistic 回归分析方法展开对于前文提出的研究假设的检验。

（一）启发式因素对科学证据可靠性影响的检验

使用多分类变量进行 logistic 回归时，需要指定参考类别，以通过其他类别与参考类别的比较实现分析检验。本小节使用的多分类变量中，鉴定委托方的参考类别被指定为"当事人"，鉴定类别的参考类别被指定为"法医类"。启发式因素与科学证据可靠性间因果关系的 logistic 回归分析结果，如表 4.13 所示。在所有纳入回归模型的自变量中，平均鉴定人数、司法机关委托业务比例、委托鉴定主体以及鉴定意见类别等4个变量均在不同程度上对科学证据可靠性认定产生显著影响。具体而言，平均鉴定人数 Exp（B）= 1.060、司法机关委托业务比例 Exp（B）= 1.775、委托鉴定主体中法院 Exp（B）= 17.609、鉴定意见类别中物证类 Exp（B）= 0.390。由于 Exp（B）值表示的是自变量增加1个单位时因变量落入指定类别的概率，且分类变量的 Exp（B）值通过指定类别与参考类别比较获得。① 因此，本次回归分析结果中具有显著性的自变量对因变量的影响，可分别解释为：当平均鉴定人数增加1个单位时，鉴定意见被认定为具备真实性的概率约增加6%（1.060-1），② 即平均鉴定人数越多，鉴定意见被认定为具备真实性的概率越大；当司法机关委托业务比例增加1个单位时，鉴定意见被认定为具备真实性的概率增加77.5%（1.775-1），即司法机关委托业务比例越大，鉴定意见被认定为具备真实性的概率越大；与鉴定委托主体为当事人相比，当鉴定委托主体为法院时，鉴定意见被认定为具备真实性的概率高出1660.9%（17.609-1），当鉴定委托主体为第三方时，鉴定意见被认定为具备真实性的概率高出150%（2.5-1），即鉴定委托主体为法院或者第三方的鉴定意见，相比于鉴定委托主体为单方当事人的意见，被认定为具备真实性的概率更大；与鉴定意见类别为法医类相比，物证类鉴定意见被认定具备真实性的概率降低61%（1-0.390），即物证类鉴定意见被认定为具备真实性的概率更小。

---

① 关于 logistic 回归系数的解释，参见王济川，郭志刚. Logistic 回归模型方法与应用[M]. 北京：高等教育出版社，2001：91-100.

② 比值变化计算方式，参见文宏，黄之玥. 网络反腐事件中的政府回应及其影响因素：基于170个网络反腐案例的实证分析[J]. 公共管理学报，2016，13（1）：21-30+152-153.

表 4.13　启发式因素 logistic 回归结果

	B	S. E.	Wald	Exp（B）
机构年龄（自然对数）	−0.289	0.316	0.835	0.749
平均鉴定人数	0.058*	0.032	3.431	1.060
平均高职人数	−0.030	0.038	0.634	0.970
机构认证认可	0.212	0.203	1.093	1.236
司法机关委托业务比例	0.574**	0.267	4.627	1.775
委托鉴定主体				
法院	2.868***	0.263	118.688	17.609
第三方	0.916***	0.306	8.963	2.500
鉴定意见类别				
物证类	−0.941***	0.257	13.434	0.390
声像资料类	0.637	0.635	1.006	1.891
Constant	0.501	0.699	0.515	1.651

注：* 在 0.1 水平上显著相关，** 在 0.05 水平上显著相关，*** 在 0.001 水平上显著相关。

　　综上所述，与鉴定机构可信度相关的变量中，平均鉴定人数以及司法机关委托业务比例与鉴定意见被认定为具有真实性的概率呈正相关。由此可以得知，本研究所提出的研究假设 1 得到验证，即鉴定机构可信度越高，其出具的鉴定意见被认定为具有真实性的概率越大，也即其所具有的可靠性程度越高。与此同时，委托鉴定主体、鉴定意见类别两个变量均对科学证据可靠性产生显著影响，说明控制变量选取较为合理。并且，从各显著性变量所对应的 Exp（B）值来看，委托鉴定主体对科学证据可靠性的影响明显高于其他因素的影响。最后，模型预测准确率为 81.7%，模型卡方检验结果显著，说明本文 logistic 回归分析模型拟合优度较好，分析结果具备有效性。

（二）诉求金额对审判人员决策行为的调节作用检验

依据调节变量的作用机理，调节效应存在的前提条件之一，即调节变量本身应对因变量存在显著影响。如存在显著影响，则应依据前文所确定的检验方案展开调节效应检验。表 4.14 为将诉求金额加入 logistic 回归模型后所得的回归分析结果。结果显示，诉求金额对科学证据可靠性的影响具有显著性，且模型预测准确率为 81.4%，模型卡方检验结果显著，说明模型拟合优度较好。因此，可以分别针对平均鉴定人数、司法机关委托业务比例与科学证据可靠性间的因果关系开展调节效应检验。

表 4. 14　诉求金额 logistic 回归结果

	B	S. E.	Wald	Exp （B）
机构年龄（自然对数）	−0. 232	0. 314	0. 546	0. 793
平均鉴定人数	0. 058 *	0. 032	3. 340	1. 059
平均高职人数	−0. 026	0. 038	0. 491	0. 974
机构认证认可	0. 240	0. 204	1. 380	1. 272
司法机关委托业务比例	0. 576 **	0. 268	4. 618	1. 779
鉴定委托主体				
法院	2. 927 ***	0. 269	118. 310	18. 680
第三方	0. 869 ***	0. 307	8. 017	2. 386
鉴定意见类别			13. 619	
物证类	−0. 849 ***	0. 262	10. 478	0. 428
声像资料类	0. 734	0. 636	1. 331	2. 083
诉求金额（自然对数）	−0. 489 ***	0. 158	9. 635	0. 613
Constant	2. 878	1. 038	7. 686	17. 787

注：* 在 0.1 水平上显著相关，** 在 0.05 水平上显著相关，*** 在 0.001 水平上显著相关。

诉求金额与平均鉴定人数以及司法机关委托业务比例均为连续

型变量，因此采用构建乘积项加入回归模型并检验乘积项显著性的方式进行调节效应检验。与此同时，为确保调节作用检验的有效性，在构建乘积项前，先对连续型变量去中心化，即使用将连续变量的值减去其平均值后获得的新变量构建乘积项。[1] 通过将去中心化后的诉求金额与司法机关委托业务比例所构建的乘积项加入回归模型，得到关于诉求金额调节作用检验的第一部分结果。如表 4.15 所示，乘积项对科学证据可靠性认定的影响显著，即调节效应显著。并且，模型预测准确率为 81.7%，模型卡方检验结果显著，说明模型拟合优度较好。因此，可以认为诉求金额对司法机关委托业务比例与科学证据可靠性间因果关系的调节作用显著。与此同时，由于乘积项系数为正，说明诉求金额对司法机关委托业务比例与科学证据可靠性间因果关系存在正向调节作用。也即，当事人提出的诉求金额越大，司法机关委托业务比例对科学证据可靠性认定的影响越大。

表 4.15　司法机关委托业务比例乘积项 logistic 回归结果

	B	S. E.	Wald	Exp（B）
机构年龄（自然对数）	−0.281	0.319	0.778	0.755
平均鉴定人数	0.060*	0.032	3.628	1.062
平均高职人数	−0.029	0.038	0.574	0.972
机构认证认可	0.242	0.205	1.389	1.274
司法机关委托业务比例	0.600**	0.269	4.987	1.822
鉴定委托主体				
法院	2.915***	0.268	118.034	18.444
第三方	0.855***	0.306	7.828	2.352
鉴定意见类别				
物证类	−0.857***	0.262	10.675	0.425
声像资料类	0.794	0.637	1.552	2.212

---

[1] 陈晓萍，徐淑英，樊景立. 组织与管理研究的实证方法 [M]. 北京：北京大学出版社，2012：428.

续表

	B	S. E.	Wald	Exp （B）
诉求金额（自然对数）	−0. 444***	0. 159	7. 766	0. 642
诉求金额 * 司法机关委托业务比例	0. 168**	0. 080	4. 398	1. 183
Constant	2. 714	1. 054	6. 627	15. 086

注：* 在 0. 1 水平上显著相关，** 在 0. 05 水平上显著相关，*** 在 0. 001 水平上显著相关。

　　将去中心化后的诉求金额与平均鉴定人数所构建的乘积项加入回归模型，得到关于诉求金额调节作用检验的第二部分结果。如表4. 16 所示，乘积项系数并不显著。模型预测准确率为81. 5%，模型卡方检验结果显著，说明模型拟合优度较好。因此，可以认为，诉求金额对平均鉴定人数与科学证据可靠性间因果关系不存在显著的调节作用。

表 4. 16　平均鉴定人数乘积项 logistic 回归结果

	B	S. E.	Wald	Exp （B）
机构年龄（自然对数）	−0. 219	0. 315	0. 485	0. 803
平均鉴定人数	0. 058*	0. 032	3. 321	1. 059
平均高职人数	−0. 028	0. 038	0. 549	0. 972
机构认证认可	0. 226	0. 205	1. 218	1. 254
司法机关委托业务比例	0. 580**	0. 268	4. 687	1. 786
鉴定委托主体				
法院	2. 933***	0. 269	118. 504	18. 778
第三方	0. 880***	0. 308	8. 156	2. 411
鉴定意见类别				
物证类	−0. 862***	0. 263	10. 727	0. 422
声像资料类	0. 727	0. 637	1. 301	2. 068
诉求金额（自然对数）	−0. 432**	0. 170	6. 441	0. 650
诉求金额 * 平均鉴定人数	0. 104	0. 111	0. 875	1. 109

续表

	B	S. E.	Wald	Exp（B）
Constant	2. 568	1. 096	5. 488	13. 046

注：* 在 0.1 水平上显著相关，** 在 0.05 水平上显著相关，*** 在 0.001 水平上显著相关。

综合上述 logistic 回归分析结果可知，诉求金额对司法机关委托业务比例与科学证据可靠性间因果关系存在正向调节作用。也即，当事人提出的诉求金额越高，司法机关委托业务比例对科学证据可靠性的影响越大。由此说明，当事人提出的诉求金额越高时，司法机关委托业务比例增加所导致的鉴定意见被认定为具备真实性的概率增量越大，鉴定意见可靠性程度越高。因司法机关委托业务比例为鉴定机构可信度相关变量，即可以认为研究假设 6 得到验证。即案件诉争利益越大，启发式信息与科学证据可靠性的相关性越大。

（三）鉴定人答复对审判人员决策行为的调节作用检验

为检验鉴定人答复是否对平均鉴定人数、司法机关委托业务比例与科学证据可靠性间的相关性有显著调节作用，根据前文所阐述的调节作用检验原理，本部分首先将鉴定人答复变量作为自变量纳入 logistic 回归模型进行显著性检验。如表 4. 17 所示，鉴定人答复对科学证据可靠性的影响系数并不显著。与此同时，模型预测准确率为81.6%，模型卡方检验结果显著，说明模型拟合优度较好。即可说明，鉴定人答复与科学证据可靠性间不存在显著相关性。依据调节作用检验原理，鉴定人答复与科学证据可靠性间不存在显著相关性，即没有进一步构建乘积项进行回归分析的必要。可以认为，鉴定人答复未对平均鉴定人数、司法机关委托业务比例与科学证据可靠性间的相关性起到调节作用。由此，本研究所提出的研究假设 4 未得到证实。

表 4.17　鉴定人答复 logistic 回归结果

	B	S. E.	Wald	Exp（B）
机构年龄（自然对数）	−0.283	0.316	0.802	0.754
平均鉴定人数	0.057*	0.032	3.319	1.059
平均高职人数	−0.030	0.038	0.655	0.970
机构认证认可	0.214	0.203	1.118	1.239
司法机关委托业务比例	0.560**	0.267	4.381	1.750
鉴定委托主体				
法院	2.854***	0.264	116.875	17.359
第三方	0.913***	0.306	8.897	2.492
鉴定意见类别				
物证类	−0.952***	0.257	13.666	0.386
声像资料类	0.612	0.636	0.927	1.844
鉴定人答复	0.331	0.509	0.423	1.392
Constant	0.498	0.698	0.510	1.646

注：* 在 0.1 水平上显著相关，** 在 0.05 水平上显著相关，*** 在 0.001 水平上显著相关。

（四）审判组织形式对审判人员决策行为的调节作用检验

为检验审判组织形式是否对平均鉴定人数、司法机关委托业务比例与科学证据可靠性间的相关性有显著调节作用，依据前文所阐述的调节作用检验原理，本部分首先将审判组织形式变量作为自变量纳入 logistic 回归模型进行显著性检验。依据调节作用原理，为同时体现合议庭与独任审判之间的差异，在将审判组织形式变量纳入 logistic 回归模型时，指定"独任审判"类别作为参考类别。如表 4.18 所示，与"独任审判"相比，无陪审员的合议庭形式的影响系数显著，其他两类合议庭形式则均不显著。基于分类变量"同进同出"的解释原理，可以认为，审判组织形式对科学证据可靠性存在显著影响。与此同时，模型预测准确率为81.7%，模型卡方检验结果显著，说明模型拟合优度较好。按照调节作用检验原理，即可进一步构建乘积项进行回归分析。

表4.18　审判组织形式 logistic 回归模型

	B	S. E.	Wald	Exp（B）
机构年龄（自然对数）	-0.223	0.318	0.492	0.800
平均鉴定人数	0.049	0.032	2.345	1.050
平均高职人数	-0.019	0.038	0.242	0.981
机构认证认可	0.222	0.204	1.192	1.249
司法机关委托业务比例	0.634**	0.270	5.522	1.886
鉴定委托主体				
法院	2.863***	0.264	117.757	17.506
第三方	0.844***	0.306	7.585	2.325
鉴定意见类别				
物证类	-0.781***	0.270	8.381	0.458
声像资料类	0.758	0.640	1.404	2.134
合议庭类型				
无陪审员	-0.497**	0.249	3.974	0.608
一名陪审员	-0.188	0.218	0.742	0.829
两名陪审员	-0.179	0.228	0.615	0.836
Constant	0.434	0.699	0.386	1.544

注：* 在 0.1 水平上显著相关，** 在 0.05 水平上显著相关，*** 在 0.001 水平上显著相关。

依据调节效应检验原理，在调节变量为多分类变量且自变量为连续型变量时，应将多分类变量转换为虚拟变量并将其中一个虚拟变量设定为参考变量，然后将去中心化后的连续型变量分别与除作为参考变量以外的其他虚拟变量构建乘积项，并将所构建出的乘积项同时加入回归模型进行分析。依据此方法，本部分首先检验审判组织形式对平均鉴定人数与科学证据可靠性间相关性的调节作用。具体而言，首先将平均鉴定人数进行去中心化处理，并依据审判组织类型所具有的类别构建独任审判、无陪审员、一名陪审员、两名陪审员等四个虚拟变量，其中独任审判为参考变量。然后，将去中心化后的平均鉴定人数分别与无陪审员、一名陪审员、两名陪审员相乘得到三个乘积项。最后，将该三个乘积项同时加入 logistic 回归模型进行分析。如表 4.19 所示，在加入三个乘积项之后的回归分析结果中，三个乘积项的影响系数均不显著，且模型预测准确率为 81.7%，模型卡方检验结果显著，说明模型拟合优度较好。可以说明，审判组织形式未对平均鉴定人数与科学证据可靠性间的相关性产生调节作用。

表 4.19　平均鉴定人数乘积项 logistic 回归结果

	B	S. E.	Wald	Exp（B）
机构年龄（自然对数）	−0.201	0.320	0.395	0.818
平均鉴定人数	0.042	0.033	1.582	1.043
平均高职人数	−0.023	0.040	0.352	0.977
机构认证认可	0.238	0.205	1.354	1.269
司法机关委托业务比例	0.652**	0.271	5.794	1.919
鉴定委托主体				
法院	2.856***	0.264	117.294	17.392
第三方	0.838***	0.307	7.458	2.311
鉴定意见类别				
物证类	−0.769***	0.270	8.091	0.464
声像资料类	0.782	0.643	1.479	2.186
合议庭类型				
无陪审员	−0.503*	0.265	3.607	0.605
一名陪审员	−0.148	0.227	0.423	0.862
两名陪审员	−0.163	0.232	0.494	0.849
无陪审员 * 平均鉴定人数	0.027	0.291	0.008	1.027

续表

	B	S. E.	Wald	Exp（B）
一名陪审员 * 平均鉴定人数	0.216	0.288	0.560	1.241
两名陪审员 * 平均鉴定人数	0.140	0.283	0.243	1.150
Constant	0.430	0.703	0.374	1.537

注：* 在 0.1 水平上显著相关，** 在 0.05 水平上显著相关，*** 在 0.001 水平上显著相关。

　　为进一步检验审判组织形式对司法机关委托业务比例与科学证据可靠性间相关性的调节作用，按照既定的检验方法，本部分首先将司法机关委托业务比例进行去中心化处理，并依据审判组织形式所具有的类别构建独任审判、无陪审员、一名陪审员、两名陪审员等四个虚拟变量，其中独任审判为参考变量。然后，将去中心化后的司法机关委托业务比例分别与无陪审员、一名陪审员、两名陪审员相乘得到三个乘积项。最后，将该三个乘积项同时加入 logistic 回归模型进行分析。如表 4.20 所示，在加入三个乘积项之后的回归分析结果中，三个乘积项的影响系数均不显著，且模型预测准确率为 81.7%，模型卡方检验结果显著，说明模型拟合优度较好。因此，由于本次围绕司法机关委托业务比例所构建的三个乘积项的影响系数均不显著。可以说明，审判组织形式同样未对司法机关委托业务比例与科学证据可靠性间的相关性产生调节作用。

表 4.20　司法机关委托业务比例乘积项 logistic 回归结果

	B	S. E.	Wald	Exp（B）
机构年龄（自然对数）	−0.226	0.319	0.504	0.797
平均鉴定人数	0.050	0.032	2.408	1.051
平均高职人数	−0.019	0.038	0.251	0.981
机构认证认可	0.225	0.206	1.192	1.252

续表

	B	S. E.	Wald	Exp（B）
司法机关委托业务比例	0.626**	0.320	3.823	1.870
鉴定委托主体				
法院	2.859***	0.264	117.386	17.441
第三方	0.847***	0.307	7.616	2.332
鉴定意见类别				
物证类	−0.785***	0.270	8.449	0.456
声像资料类	0.746	0.641	1.352	2.108
合议庭类型				
无陪审员	−0.488*	0.251	3.773	0.614
一名陪审员	−0.173	0.226	0.588	0.841
两名陪审员	−0.178	0.231	0.597	0.837
无陪审员 * 司法机关委托业务比例	−0.048	0.260	0.034	0.953
一名陪审员 * 司法机关委托业务比例	0.082	0.220	0.140	1.086
两名陪审员 * 司法机关委托业务比例	−0.033	0.242	0.019	0.967
Constant	0.440	0.717	0.376	1.552

注：* 在 0.1 水平上显著相关，** 在 0.05 水平上显著相关，*** 在 0.001 水平上显著相关。

综上所述，依据调节效应检验分析结果，审判组织形式对平均鉴定人、司法机关业务委托量与科学证据可靠性间的相关性均不存在显著调节作用。据此可知，本研究所提出的研究假设 2 未得到证实，即审判组织形式差异未能对鉴定机构可信度与科学证据可靠性间的相关性起到调节作用。

（五）当事人异议对审判人员决策行为的调节作用检验

为检验当事人异议是否对平均鉴定人数、司法机关委托业务比例与科学证据可靠性间的相关性存在显著调节作用，依据前文所阐述的调节作用检验原理，本部分首先将当事人异议变量作为自变量纳入 logistic 回归模型进行显著性检验。如表 4.21 所示，当事人异议与科学证据可靠性具有显著相关性，且模型预测准确率为 81.6%，模型卡方检验结果显著，说明模型拟合优度较好。据此，依据调节作用检验原理，可分别就当事人异议对平均鉴定人数与司法机关委托业务比例两个变量的调节作用进行进一步的检验。

表 4.21　当事人异议 logistic 回归结果

	B	S. E.	Wald	Exp（B）
机构年龄（自然对数）	−0.300	0.315	0.905	0.741
平均鉴定人数	0.044	0.032	1.849	1.045
平均高职人数	−0.021	0.038	0.305	0.979
机构认证认可	0.154	0.205	0.559	1.166
司法机关委托业务比例	0.653***	0.270	5.857	1.922
鉴定委托主体				
法院	2.867***	0.263	118.374	17.576
第三方	0.938***	0.307	9.309	2.554
鉴定意见类别				
物证类	−0.963***	0.257	14.017	0.382
声像资料类	0.590	0.636	0.861	1.804
当事人异议	0.405*	0.223	3.297	1.499
Constant	0.528	0.697	0.573	1.695

注：* 在 0.1 水平上显著相关，** 在 0.05 水平上显著相关，*** 在 0.001 水平上显著相关。

表 4.22 为加入平均鉴定人数与当事人异议乘积项后的 logistic 回

归分析结果。结果显示,平均鉴定人数与当事人异议的乘积项并没有对科学证据可靠性产生显著影响,且模型预测准确率为81.6%,模型卡方检验结果显著,说明模型拟合优度较好。据此,可以得知,当事人异议未对平均鉴定人数与科学证据可靠性间的相关性产生显著调节作用。

表 4. 22　平均鉴定人数乘积项 logistic 回归结果

	B	S. E.	Wald	Exp（B）
机构年龄（自然对数）	−0. 310	0. 316	0. 965	0. 733
平均鉴定人数	0. 037	0. 034	1. 205	1. 038
平均高职人数	−0. 018	0. 038	0. 225	0. 982
机构认证认可	0. 139	0. 206	0. 454	1. 149
司法机关委托业务比例	0. 674 **	0. 271	6. 180	1. 963
鉴定委托主体				
法院	2. 862 ***	0. 263	118. 531	17. 505
第三方	0. 925 ***	0. 308	9. 016	2. 521
鉴定意见类别				
物证类	−0. 954 ***	0. 257	13. 768	0. 385
声像资料类	0. 609	0. 636	0. 915	1. 838
当事人异议	0. 361	0. 228	2. 505	1. 434
当事人异议 * 平均鉴定人数	0. 210	0. 281	0. 558	1. 234
Constant	0. 580	0. 702	0. 683	1. 785

注:* 在 0. 1 水平上显著相关,** 在 0. 05 水平上显著相关,*** 在 0. 001 水平上显著相关。

表 4. 23 为加入司法机关委托业务比例与当事人异议乘积项后的 logistic 回归分析结果。结果显示,司法机关委托业务比例与当事人异议的乘积项并没有对科学证据可靠性产生显著影响,且模型预测准确率为81.7%,模型卡方检验结果显著,说明模型拟合优度较好。据此,可以得知,当事人异议未对司法机关委托业务比例与科学证据

可靠性间的相关性产生显著调节作用。

表 4.23　司法机关委托业务比例乘积项 logistic 回归结果

	B	S. E.	Wald	Exp（B）
机构年龄（自然对数）	−0.301	0.315	0.912	0.740
平均鉴定人数	0.042	0.033	1.626	1.043
平均高职人数	−0.019	0.038	0.257	0.981
机构认证认可	0.149	0.206	0.526	1.161
司法机关委托业务比例	0.689 **	0.282	5.965	1.991
鉴定委托主体				
法院	2.869 ***	0.263	118.751	17.614
第三方	0.934 ***	0.307	9.221	2.544
鉴定意见类别				
物证类	−0.960 ***	0.257	13.924	0.383
声像资料类	0.596	0.636	0.879	1.815
当事人异议	0.330	0.278	1.411	1.391
当事人异议 * 司法机关委托业务比例	−0.094	0.217	0.189	0.910
Constant	0.520	0.697	0.556	1.682

注：* 在 0.1 水平上显著相关，** 在 0.05 水平上显著相关，*** 在 0.001 水平上显著相关。

综上所述，依据调节效应检验分析结果，当事人异议对平均鉴定人数、司法机关业务委托比例与科学证据可靠性间的相关性均不存在显著调节作用。据此可知，本研究所提出的研究假设 3 未得到证实，即当事人所提出的异议是否包含专业性信息未能对鉴定机构可信度与科学证据可靠性间的相关性起到调节作用。

五、民事科学证据可靠性认定
实践形态解析

依据 logistic 回归分析结果，本研究围绕民事科学证据可靠性认定所提出的研究假设中，研究假设 1、6 得到验证，但研究假设 2、3、4 均未得到验证。[①] 由此，结合前文对民事科学证据可靠性认定应然状态的阐释，可以实现对民事科学证据可靠性认定实践形态的推导与解读。[②]

（一）审判人员关于科学证据可靠性认定的路径选择

审判人员对当事人所提交的证据应予全面审查，以确定该证据是否能作为案件事实认定依据。具体到科学证据的审查中，基于证据规范所提出的职责要求，审判人员理应优先审查判断科学证据的实质内容。然而，在其所具有的自由裁量权限内，审判人员是否均对科学证据实质内容展开审查，以及在未能结合实质内容进行审查判断的情况下如何完成科学证据的整体审查判断，均是尚未得到实践数据有效检验的问题。结合本研究所构建的科学证据可靠性认定决策模型，审判人员是否能实现对科学证据实质内容的全面审查，依据其可选择路径的不同，被继续细化为两项具体问题。第一，审判人员是

---

① 因辅助意见变量不满足分析要求，研究假设 5 未予检验。

② 关于实证检验结果的解释，需要加以强调的是，样本数据分析结果系对法官集体经验的总结，但数据分析关于法官集体经验总结属于对法官集体中的集中趋势进行分析而得出。申言之，基于大样本数据分析所认定的关于法官裁判行为判定的结果，并不表明大样本所有的个体观测对象均符合该行为判定结果。而是说，由于较多法官均符合该行为判定结果，从而形成一种关于该类法官裁判行为的集中趋势，进而使得该趋势得以被判定与检验。参见白建军. 法律大数据时代裁判预测的可能与限度 [J]. 探索与争鸣，2017（10）：95-100.

否未对实质内容进行审查而完全依据启发式信息实现科学证据可靠性的认定；第二，审判人员是否对科学证据实质内容进行一定程度的审查，但因无法基于实质性信息形成关于科学证据可靠性的内心确信，从而需要借助启发式信息完成科学证据可靠性认定。据此，基于研究假设检验结果，并结合决策模型，可以对我国审判人员进行科学证据可靠性认定中的路径选择进行阐述与明晰。

首先，实证检验结果表明，审判人员无法实现对科学证据实质内容的全面有效审查。依据研究假设检验结果，本研究假设 1 得到验证，即鉴定机构可信度与鉴定意见可靠性间存在相关性。申言之，在我国司法实践中，启发式因素对审判人员的科学证据可靠性认定决策产生了显著影响。依据研究假设 1 提出时进行的理论阐述，只有当审判人员无法完全通过中央路径实现科学证据可靠性认定时，启发式信息才会对其可靠性认定决策产生影响。质言之，启发式因素对审判人员的科学证据可靠性认定决策产生影响，即说明审判人员无法对科学证据实质内容进行全面有效审查，从而需要借助启发式信息来形成关于科学证据可靠性的内心确信，并最终作出判定决策。然而，启发式因素对审判人员决策的影响，既可能是由启发式因素单独产生影响，也可能是与实质性信息共同产生影响。因此，还需要结合其他假设检验结果，进一步分析审判人员进行科学证据可靠性认定的路径选择。

其次，实证检验结果进一步表明，审判人员系在尝试通过实质性信息评价科学证据可靠性无果后，再借助启发式信息完成科学证据可靠性认定。即启发式因素与实质性因素共同对审判人员决策产生影响。具体而言，研究假设 6 的检验结果，验证了诉争利益对启发式因素与科学证据可靠性间相关性的调节作用。也即，诉争利益越大，启发式因素对科学证据可靠性认定决策的影响越大。而依据研究假设提出时的理论阐述，诉争利益仅能在审判人员尝试通过中央路径认定科学证据可靠性的情形中起到对启发式因素与科学证据可靠性间相关性的调节作用。因此，研究假设6与研究假设1得到验证，即可以认为，审判人员在尝试通过实质性信息评价科学证据可靠性无果后，进一步借助启发式信息完成科学证据可靠性认定。

最后，审判人员的决策路径选择未受到与质证相关的外部因素的影响。依据本研究所构建的决策模型，当存在外部因素介入科学证据可靠性认定过程时，审判人员对于决策路径的选择可能受外部因素的影响。具体而言，即外部因素通过提升审判人员的认知能力来降低启发式因素对科学证据可靠性认定决策的影响。然而，由于本研究所提出的有关外部因素的研究假设均未能得到验证，即可以认为，通过理论推导认定可能在质证过程中影响审判人员决策路径选择的外部因素，均未能对实践中审判人员的决策路径选择产生影响。①

综上所述，在我国民事诉讼实践中，审判人员评价科学证据可靠性时的决策路径选择思路与表现如下。首先尝试通过中央路径并结合实质性信息评价科学证据可靠性，因通过中央路径所获得的实质性信息无法形成内心确信，继而转为通过外围路径并借助启发式信息来完成科学证据可靠性认定。这一决策路径也证实，我国民事诉讼实践中，审判人员无法通过全面有效地审查科学证据实质内容来完成科学证据可靠性认定。

（二）科学证据可靠性认定路径选择决定因素的影响机理

理论上，审判人员的决策路径选择，主要受认知动力、认知能力以及审判过程中所出现的外部因素的影响。然而，基于学界及实践主体所提出的质疑，这三类决定因素是否确实在实践中影响审判人员的决策路径选择，以及如何产生影响，均是值得通过实践观察予以回答的问题。对此，从本研究所开展的实证检验来看，三类因素对审判

---

① 辅助意见的调节作用因未获得相应数据而未能进行检验，但依据本研究所构建的决策模型，可以认为辅助意见因较少存在于诉讼程序中而未能起到相应的调节作用。

人员决策路径选择的具体影响机理表现如下。

首先，在我国民事诉讼实践中，外部因素并未对审判人员决策路径选择起到决定作用。由于科学证据所包含的实质内容往往超出一般人的认知范围，为克服审判人员作为"一般人"可能陷入的审查困境，包括鉴定人答复等形式的外部机制被用于提升审判人员在诉讼过程中对于科学证据的认知能力。① 但从本研究的实证检验结果来看，以鉴定人答复为典型的外部因素均未能对审判人员在科学证据可靠性认定时的决策路径选择起到调节作用。由于鉴定人答复本身应是最为有效的外部调节方式，即可以认为，外部因素并未能对审判人员的决策路径选择起到显著的决定作用。

其次，审判人员总体上表现出较高的认知动力，从而促使其形成结合认知能力进行决策路径选择的意愿。关于审判人员的认知动力，同样有部分学者对此存在质疑，即认为存在审判人员缺乏结合其自身认知能力通过审查科学证据实质内容来完成可靠性认定的动力，进而直接选择借助启发式信息来进行决策。② 然而，从研究的实证检验结果来看，审判人员在科学证据审查方面的认知动力是较高的。具体而言，依据本研究所构建的决策模型，当审判人员所具有的认知动力较低时，其会选择直接依据启发式因素进行科学证据可靠性认定。并且，在没有其他因素提升其所具有的认知动力的情况下，审判人员会完全依据启发式因素进行科学证据可靠性认定。也即，当审判人员在决策过程中所具有的认知动力较低时，仅有启发式信息与科学证据可靠性存在相关性。但从本研究的实证检验结果可知，启发式因素与实质性因素对科学证据可靠性认定共同产生影响。也即，审判人员在决策过程中所具有的认知动力较低的假设不成立。质言之，从总体

---

① 杜志淳，廖根为. 论我国司法鉴定人答复质证制度的完善［J］. 法学，2011（7）：80-86.

② 在具体实践之中，这种认知动力的缺乏则被认为是审判人员对质证程序的简化。参见陈如超. 民事司法鉴定中的法官行为规制［J］. 法商研究，2018，35（2）：124-137.

集中趋势来说，审判人员在科学证据可靠性认定时，总体上表现出较高的认知动力，并促使其形成结合认知能力进行决策路径选择的意愿。

最后，审判人员总体上具备一定程度与科学证据相关的认知能力，并促使其尝试通过中央路径进行科学证据可靠性认定，但审判人员所具有的认知能力不足以使其完全通过中央路径形成关于科学证据可靠性的内心确信。审判人员是否具备与科学证据审查相匹配的认知能力，一直是学界以及实践主体质疑的重点。且较多学者认为，审判人员作为"门外汉"，基本不具备与科学证据审查相关的认知能力。但从本研究的实证检验结果来看，审判人员具备一定程度与科学证据相关的认知能力，但审判人员所具有的认知能力不足以使其完全通过对科学证据实质内容的审查形成关于科学证据可靠性的内心确信。具体而言，一方面，实证检验结果显示，启发式信息确实对于审判人员的科学证据可靠性认定决策产生影响，即说明审判人员的认知能力存在瑕疵；另一方面，实证检验结果表明启发式因素与实质性因素共同影响审判人员的科学证据可靠性认定决策。在实证检验结果显示外部因素不能使审判人员认知能力得到提升的情况下，即可说明审判人员结合其自身认知能力对科学证据实质内容进行审查并获得一定的实质性信息，但因该部分实质性信息不足以使其形成内心确信，从而需要借助外围路径获取启发式信息，以完成对于科学证据可靠性的认定。与此同时，审判组织形式差异未对审判人员的决策路径选择产生调节作用，也进一步说明，审判人员在总体上未表现出可以改变其关于科学证据可靠性认定决策路径选择的认知能力差异。

第五章 民事科学证据可靠性认定的困境及其突破

科学证据作为诉讼程序中涉及专门性问题的有效解决手段，自其在我国司法实践中出现以来，审判人员对于科学证据的审查认定便备受关注与质疑。然而，长期以来，并没有出现较具说服力的研究成果从总体上分析与归纳审判人员具体的审查认定行为，进而使得对于审判人员决策行为的正当性，以及配套规范与措施的有效性，一直缺乏较为有效且深入的探讨。对此，在实证检验部分所归纳与总结的审判人员决策行为与逻辑的基础上，本章尝试对上述问题进行分析与探讨，以回应已有研究成果中所提出的相关观点，并尝试提出关于规范我国民事科学证据可靠性认定的具体方案。

一、审判人员决策行为与逻辑的正当性探讨

前文实证检验结果表明，审判人员在科学证据可靠性认定中缺乏完全通过全面审查科学证据实质内容作出决策的认知能力，进而不得不借助于启发式因素。然而，人类认识世界的能力具有相对性，且法官职业有其特殊性，认知能力缺陷并不必然导致审判人员科学证据审查认定行为正当性的缺失。探讨科学证据审查认定的正当性，要先基于相关证据理论与规则，分别对审判人员科学证据可靠性认定中的路径选择正当性及其决策所依据的相关信息的正当性进行探讨。

（一）外围路径选择的正当性探讨

从纯粹的行为心理学角度来说，外围路径，即利用启发式信息进行决策的路径，是一种在决策过程中将个人经验考虑在内的问题解决方法。其中，启发式信息即代表决策者所具备的与决策内容相关的经验。因此，对于法官选择外围路径评价科学证据可靠性的正当性探讨，可具体化为，法官可否依据启发式信息，即法官的个人经验进行科学证据的审查评价。因我国《民事证据规则》所确定的经验法则允许法官在案件审理过程中依据经验与证据规则一起完成对案件事实的认定。而证据评价作为经验法则在事实认定中产生作用的主要领域，现行制度规范当然允许法官在一定程度上依据其经验对科学证据进行审查认定。① 因此，在暂不对法官选择启发式信息的正当性进行探讨的情况下，法官在科学证据可靠性认定中的信息选择行为本身，应被认为具备规范层面的正当性。因此，从规范层面来讲，法官在科学证据审查认定中选择通过外围路径评价科学证据可靠性，应是具备正当性的。

然而，虽然外围路径中依据启发式信息作出决策的方法可以加速决策者解决问题和作出决策的过程，但也可能导致错误和（或）有偏见的判断与决策。启发式信息的产生主要依赖于决策者的个人经验，而个人经验系对决策者过去所感知或体验的事物的归纳总结。某些因素在过去的某些事情中发挥了作用或与某些结果之间产生了因果关系，并不意味着这些因素会再次发挥作用或依然与特定结果存在因果关系。依靠现有的启发式信息进行决策，很难看到替代解决方案或提出新想法。最主要的，当决策者选择通过外围路径并依据启发式信息进行决策时，存在几类较为典型的容易导致决策结果产生

---

① 王庆廷. "经验"何以成为"法则"：对经验法则适用困境的考察、追问及求解［J］. 东方法学，2016（6）：90-103.

偏见或错误的启发式信息，即可用性启发式（availability heuristic）信息、锚定性启发式（anchoring heuristic）信息、代表性启发式（representative heuristic）信息、模拟性启发式（simulation heuristic）信息、峰值与端点性启发式（peak-and-end heuristic）信息以及基本概率启发式（base rate heuristic）信息等。① 其中，可用性启发式信息、代表性启发式信息以及锚定性启发式信息是最早被指出的，容易导致决策结果产生偏见或错误的三类启发式信息。② 基于已有研究成果，以这三类启发式信息为代表，这三类启发式信息以及选用该部分启发式信息所可能导致的结果分别被表述为以下内容。首先，可用性启发式信息，即决策者倾向于选择最容易联想到的信息。这种倾向在实践中表现为，决策者倾向于通过更容易联想到的相关实例或经验，来判断事件发生的频率或可能性。如果选择其他实例或经验来进行判断，则该其他实例或经验必须具有相较于易获得信息的显著重要性。该倾向性对决策者的影响结果为，当依赖易于获得的信息进行决策时，决策者更倾向于使用最新的信息来评价决策所针对的对象，从而使得他们的决策更容易受到最新信息的影响。申言之，决策者越容易想到某件事情所产生的后果之一，当其进行决策时，会越依据该特定的因果关系对眼前的事物进行评价和判断。其次，代表性启发式信息，即相当于先前发生的类型案例中的典型案例。严重依赖此类启发式信息，会导致决策者忽视与实际频率及概率相关的重要事实与信息。最后，锚定性启发式信息，即可使决策者形成关于待认定事实的起始点（"锚点"），并围绕该起始点调整其判断结果的启发式信息。当决策者需要作出量化决策时，该类启发式信息的作用最为明显。也即，在进行量化决策时，决策者对于具体数值的估算会受到待评估对

---

① Dale S. Heuristics and biases: the science of decision-making [J]. Business Information Review, 2015, 32 (2): 93-99.

② Tversky A, Kahneman D. Judgment under uncertainty: heuristics and biases [J]. Science, 1974, 185 (4157): 1124-1131.

象先前赋值的强烈影响。锚定启发式信息的关键点在于，不同的起点产生不同的估计，这些估计均偏向初始价值或具体数字。

对于普通决策者而言，依据上述启发式信息进行决策，一方面由于个人对经验的归纳本身可能存在偏见，进而可能使启发式信息本身带有偏见；另一方面，由于个人在决策审查认定过程中对启发式信息的选择具有非理性的倾向，从而使得决策者对启发式信息的选择同样可能存在偏见。但对于法官而言，一般认为，基于法官职业及司法决策的特殊性，其决策结果可能在其个人的反复庭审经历中得到调节和校正。并且，基于审判程序规则，当法官对启发式信息的使用导致决策结果出现偏差时，依然可能在其他审判程序中得到纠正，以使得法官在后续的审判中对该偏差予以调整。① 然而，有观点同样指出，即便是法官群体的特殊性客观存在，法官决策中的偏见依然不可避免。具体到科学证据的审查认定中，最为常见的是在启发式信息选择中所导致的无关信息对有效信息的稀释效应。即在决策过程中，与科学证据评价相关的有用信息被决策者所关注的无关信息所屏蔽，从而降低对科学证据审查认定的准确性。最为典型的，结合上文所阐述的决策者在启发式信息选择中的倾向性，法官在科学证据评价过程中，可能坚持其对于同类型科学证据（如同一机构出具的鉴定意见）的刻板印象，而忽视对具体实质内容的综合评判。② 理性的证据评判应综合可能获得的一切信息来考虑结果形成的统计学概率，并在具体的证据审查认定过程中对具体的信息予以更新。坚持自身所固有的刻板印象，则有可能使得法官忽视对基本概率的计算，从而使其推导过程缺乏准确性与合理性。因而，可以认为，选择外围路径并依据启发式信息对科学证据进行审查认定，存在导致认定结果缺乏

---

① Kip Viscusi W. How do judges think about risk? [J]. American Law and Economics Review, 1999, 1 (1): 26-62.

② Beecher-Monas E. Heuristics, biases, and the importance of gatekeeping [J]. Law Review of Michigan State University Detroit College of Law, 2003: 987.

准确性与合理性的可能性。

综上所述，基于外围路径以及启发式信息的本质，法官在科学证据审查认定中的外围路径选择本身虽在规范层面并不必然缺乏正当性。然而，由于启发式信息存在多样性，依据启发式信息进行科学证据可靠性认定，可能导致认定结果缺乏准确性与合理性。因此，对于我国审判人员科学证据审查认定行为的正当性，还需要进一步结合司法实践中审判人员所选择的具体启发式信息的正当性展开探讨。

（二）启发式信息选择的正当性探讨

基于法官在证据评价过程中具有的自由裁量权限，以及现行规范对经验法则的认可，对于法官在决策过程中所选择启发式信息的正当性的探讨，应转变为法官在决策过程中所使用的个人经验是否属于《民事证据规则》所确定的"经验法则"范畴的问题。无论是学者还是司法从业人员，对经验法则的具体内容均存在诸多争议，从而也反映出经验法则内涵的模糊性与复杂性。[1] 然而，学界关于经验法则概念及其特性的分析与界定的观点与结果虽存在一定的差异与多样性，但本质上，各类观点间仍然存在较为明显的共性。对于法官在科学证据审查认定决策过程中所使用的个人经验是否符合"经验法则"的判断，最为明确的特性标准即法官在决策过程中所使用的经验是否具备普遍性，以及是否具有高度的盖然性。

关于法官所使用经验普遍性的判定，基于法官的职业属性，即判定特定案件中法官所使用的个体经验是否与法官职业群体经验相吻合。申言之，只有当个案中法官所依据的个人经验与法官职业群体经验相吻合时，该部分个人经验才具有初步的可接受性。反之，则可认为该个案中法官对于该部分个人经验的使用不具备正当性。[2] 而对于

---

[1]　羊震. 经验法则适用规则之探讨 [J]. 法商研究，2012，29（2）：121-127.
[2]　李顺万. 民事司法中的经验推理 [J]. 江西社会科学，2008（4）：182-187.

本研究所证实的启发式信息的可接受性，在经验的普遍性层面而言，应结合司法领域实证分析的本质予以探讨。具体而言，即探讨当下实证检验结果总结出的经验是否属于法官职业群体所体现出的共同经验。据此，本研究结合实证检验与理论阐释所总结出的法官选择并适用启发式信息的行为与逻辑，应认为与法官职业群体经验相吻合。理由在于，实证分析本身即为检验法律及其实践中经验信息的必备工具。基于个案或者典型性案例样本所获得的分析结果，一般被认定会与总体情况存在较大的偏差。而基于大样本数据的实证分析结果，则能更加准确地反映出经验信息在法官群体中的集中趋势，也即通过对大样本数据的科学分析能实现对法官集体经验的有效归纳。[1] 申言之，基于大样本的数据分析本身所获得的经验信息即为法官集体中存在较为明显集中趋势的经验信息，即可实现对法官集体经验的有效反映。也即，基于大样本数据所获得的经验信息，应当与法官集体经验相吻合。

经验的高度盖然性要求系基于经验法则的客观性特性提出的。具体而言，经验法则应是对客观存在的反映，必须在很大程度上反映客观事物的规律性。[2] 经验法则应以事物之间的常态联系为确定基础，而该种常态联系则是通过长期反复的实践所获得的因果关系经验。这种因果关系是事物的现象之间体现出的内在必然联系。即每当一种现象实际存在，另一种现象必定出现，具有相应的伴生性。[3] 具体到高度盖然性标准的判定中，则可以更明确地表述为，法院所依据的经验是否能保证在推定事实存在的前提下，前提事实发生的概率

---

① 屈茂辉课题组. 医疗损害侵权责任认定中鉴定意见适用研究 [J]. 政法论丛，2019 (4)：147-160.

② 柴晓宇. 经验法则在事实认定中的运用及其规制 [J]. 社会科学家，2013 (2)：98-102.

③ 毕玉谦. 试论民事诉讼中的经验法则 [J]. 中国法学，2000 (6)：111-118.

远大于推定事实不存在的情况下前提事实发生的概率。① 对于科学证据可靠性认定中法官所使用的启发式信息，其可接受性评判应具体化为启发式信息是否与科学证据可靠性间存在因果关系，且该因果关系是否具有高度的盖然性。对于科学证据可靠性而言，其决定性影响因素应当是科学证据所依据的科学技术原理的可靠性以及该科学技术原理的方法使用的可靠性。而鉴定机构可信度所反映的，是鉴定机构为鉴定意见生成提供硬件基础，并在具体的鉴定工作开展过程中进行一定的监督与管控。申言之，鉴定机构可信度所反映的应是鉴定机构对于科学技术原理适用过程的监督与管控能力。由此可以得知，一方面，鉴定机构可信度并不能决定科学技术原理的可靠性，也即鉴定机构可信度与科学技术原理的可靠性间不存在必然的因果关系；另一方面，鉴定机构可信度越高，仅能在总体层面上提升鉴定科学技术原理被正确适用的可能性，且该种可能性并不能确保在每次具体的鉴定工作开展过程中产生实际效果。简言之，可信度较高的鉴定机构虽然能为鉴定过程提供更多支持与监督，但在具体的鉴定工作开展过程中，具体实施鉴定的司法鉴定人员的个人经验和能力，以及其所从事的具体鉴定事项的复杂程度等因素仍然是鉴定质量的根本决定因素。综合两方面的分析，可以认为，鉴定机构可信度与鉴定意见可靠性间并不具备内在的必然联系，不能满足作为经验法则的高度盖然性要求。因而，我国民事诉讼实践中，审判人员在判定科学证据可靠性时所选用的启发式信息包含不合理成分。

与此同时，鉴定机构可信度也是一个较为主观的感受，审判人员的该种主观感受同样可能存在偏见。例如，本研究的实证检验结果证实，与司法机关业务往来越频繁，鉴定机构可信度越高。然而，正如部分学者以及诉讼参与人员所诟病的，法院对诉讼过程中委托鉴定

---

① 陈林林，何雪锋. 司法过程中的经验推定与认知偏差［J］. 浙江社会科学，2015（8）：26-32+156-157.

机构的选择，同样受到相关非规范性因素的影响。如司法鉴定机构作为盈利机构，可能通过非正当手段与法院建立较为稳定的业务联系，① 进而使得法官在与该鉴定机构的频繁业务往来中形成对鉴定机构可信度方面的偏见。② 也即，除启发式信息与科学证据可靠性不具备内在必然联系外，该部分启发式信息的形成本身都有可能带有偏见成分。

综上所述，虽然司法实践中被用于科学证据可靠性认定的启发式信息可能在法官群体中形成普遍共识，但该部分启发式信息不能形成与科学证据可靠性间的必然内在联系。据此，可以认为，我国民事诉讼实践中审判人员在科学证据可靠性认定中所选择的启发式信息存在不合理成分。

（三）整体决策行为的正当性探讨

受制于科学技术水平、知识经验的可靠程度及鉴定人员自身的知识能力水平等因素，鉴定意见往往无法完全达到客观真实。③ 但由于司法鉴定本身具有主观性，为尽量减少或避免鉴定人个人主观因素对客观事实认定的影响，有必要通过对鉴定意见进行质证来发现鉴定意见中可能存在的缺陷或瑕疵，从而确定鉴定意见的可靠性，并最终实现对鉴定意见证明力的评判。④ 通过双方当事人对司法鉴定人当庭质询，进一步明确鉴定所采用的技术及其规程、鉴定结论的形成过程与理论依据等，则是审判人员实现对鉴定意见可靠性评判的最

① 陈如超. 民事司法鉴定中的法官行为规制 [J]. 法商研究，2018，35（2）：124-137.
② 张蕊，杨书怀. 法务会计鉴定意见的采信机制研究 [J]. 会计研究，2013（8）：89-95+97.
③ 法律真实强调实体法和程序法对案件事实的作用，而客观真实则只是简单地要求发现案件的真实情况。由于司法鉴定依据的是具体科学原理或特殊经验对相关案件事实进行认定，因而其所追求的是客观真实而非法律真实。参见锁正杰，苏凌. "法律真实"理论与"客观真实"理论比较研究 [J]. 国家检察官学院学报，2003（5）：84-94.
④ 汪建成. 司法鉴定基础理论研究 [J]. 法学家，2009（4）：1-27+157.

行之有效的方法。申言之，要最终评定我国审判人员科学证据审查认定行为的正当性，除注重其审查认定流程与细节外，更为重要的，是其对于科学证据的审查认定是否能有效保证科学证据可靠性认定的准确性。

一方面，审判人员在科学证据审查过程中的认知能力缺陷在本研究中得到证实。也即，证明审判人员无法实现对科学证据所包含的实质内容的全面审查，从而可能导致科学证据可靠性认定结果，尤其是审判人员所作出的肯定性判定结果的准确性降低。① 另一方面，本研究的实证分析结果表明，审判人员借助启发式信息方能完成科学证据可靠性认定。结合上文关于审判人员对外围路径选择以及依据外围路径所确定的启发式信息的正当性探讨，审判人员在科学证据可靠性认定过程中所选择的具体启发式信息与科学证据可靠性间不具备内在必然联系，且启发式信息的形成本身可能带有偏见，进而使得审判人员借助启发式信息所认定的科学证据可靠性结果可能缺乏准确性。总体而言，无论是审判人员在科学证据审查过程中认知能力的缺陷，还是在认知能力缺乏时所依据的替代解决方案，② 均可能导致科学证据可靠性的审查认定结果缺乏准确性。

二、民事科学证据可靠性认定结果的
潜在负面影响

随着科学技术的进步与发展，以鉴定意见为典型的科学证据在

---

① 科学证据可靠性否定性认定结果的作出，可依据对单个或数量较少实质性内容的判定来实现，而肯定性结果则要依据全面审查结果。因而，在无法实现全面审查的情况下，肯定性结果的准确性应当低于否定性结果的。

② 基于审判人员所拥有的自由裁量权，在认知能力缺乏时，其可以选择依据其在认知能力范围内获取的关于科学证据实质内容的有限信息进行科学证据可靠性认定，也可以选择替代方案，如进一步借助启发式信息进行判定。

我国司法实践中的适用越来越广泛。与此同时，在部分特定类型的案件中，科学证据对于整个案件审理过程的影响也越来越大。例如，随着计算机与通信技术的迅猛发展，人们产生纠纷时的证据使用也较多地从实物形式转变为电子形式，而电子形式证据的获取和分析则较多地依赖于司法鉴定。[①] 进而，可以看出，作为一种法定的证据形式，鉴定意见在我国民事诉讼程序中的重要性及其影响力，进而可以明确，科学证据在我国民事诉讼中的重要地位。然而，本研究显示，审判人员并不具备对科学证据实质内容进行全面有效审查的认知能力，且审判人员依据启发式信息对科学证据可靠性的认定可能缺乏正当性，进而可能导致事实认定结果的准确性降低，甚至导致事实认定结果存在瑕疵或错误。

（一）降低证据评价的准确性

经验法则在司法裁判过程中所能起到的积极作用当然不可忽视，然而其对于最终裁判结果的作用方式与途径必然要受到法律原则与精神以及具体证据规则的指引与限制。并且，存在具体明确的证据规则的情形下，证据规则当然较之于司法经验具有更高的优先级。[②]

依《民事证据规则》所规定，包括"鉴定所依据的原理、方法""鉴定过程"等在内的鉴定意见实质内容，都需要审判人员予以审查。并且，鉴定意见是我国司法语境中最具代表性的科学证据。由此说明，对科学证据的实质内容进行全面审查，是我国证据规则对审判人员提出的明确要求。与此同时，科学证据审查作为一项特定的证据评价活动，同样要遵循一般性证据原则。依据证据法的基本原则，诉

---

① 王中. 云环境服务提供商协助取证的困境及应对 [J]. 科技与法律，2018（6）：89-94.

② 彭世忠，李秋成. 认真对待司法经验：兼论《关于民事诉讼证据的若干规定》第64条 [J]. 政法论坛，2006（1）：106-115.

讼活动中被用作事实认定依据的证据材料必须同时具备证据能力与证明力。并且，依据《民事诉讼法》所规定，证据必须查证属实才能作为认定案件事实的依据。① 申言之，以证据评价结果为导向，一般性证据评价规则要求审判人员对证据的审查评价，必须保证最终被认定符合证据属性要求的证据材料和事实所蕴含的信息是真实可靠的，而非伪造或编造的。② 具体到科学证据可靠性所对应的证据真实性评价中，基于科学证据的基本属性，该项证据评价规则至少要求，科学证据所基于的科学技术原理是真实有效的，且基于该科学技术原理所派生的分析方法被正确可靠地应用。

然而，基于本研究的实证检验结果，审判人员并不具备对鉴定意见实质内容进行全面有效审查的认知能力，从而也可能因无法全面审查实质内容而导致鉴定意见审查认定的结果缺乏准确性。申言之，在审判人员缺乏相应认知能力的情况下，其对于科学证据的审查认定并不能有效确认科学证据所蕴含的信息以及依据该部分信息所推导出的最终结论是否真实可靠，甚至不能有效确认是否存在因科学证据提供者的主观故意而存在伪造科学证据中所蕴含的信息与结论的情形。

（二）增加案件事实认定偏差的风险

依据证据裁判原则，除部分没有必要运用证据证实的事实、众所周知的事实、自然规律及定理等外，案件事实的认定必须以证据为根据，没有证据不能认定案件事实。③ 也即，经过庭审质证，被审判人员认定为具备证据能力与证明力的科学证据，应当成为认定诉讼程

① 李苏林. 证据裁判原则下的案件事实认定 [J]. 山西大学学报（哲学社会科学版），2015，38（3）：132-137.

② 王福华. 我国民事证据的认定规则及其模式选择 [J]. 法学评论，2000（4）：50-56.

③ 闵春雷. 证据裁判原则的新展开 [J]. 法学论坛，2010，25（4）：44-49.

序中相关待证事实的基础。申言之，诉讼程序中的事实认定必然要受到作为先决条件的证据评价的影响。证据评价结果的准确性，将直接影响后续案件事实认定的准确性。

从个案层面来讲，在缺乏相应认知能力的情况下，审判人员对证据进行审查评价所得出的认定结果可能缺乏可靠性。也即，经过审查质证所认定的证据，仍然可能存在瑕疵或错误。据此，使用未经有效审查认定的证据作为案件事实认定依据，有可能导致案件事实认定的偏差。本研究的实证分析结果证实，审判人员不具备全面审查科学证据所包含实质信息的认知能力，因而不得不借助于启发式信息。并且，审判人员所依据的启发式信息与科学证据可靠性间不存在内在必然联系，并带有一定的偏见成分。因此，个案中科学证据的审查认定结果，存在较大的错误与偏见风险，从而使得依据科学证据所认定的案件事实同样面临此类风险。与此同时，无论是学界还是司法实践中的具体参与主体，对审判人员过于依赖鉴定意见的质疑一直存在，甚至有学者提出部分案件审理中关于案件事实的认定存在审判人员"以鉴代审"现象。也即，审判人员混淆司法鉴定本质，在事实认定过程中在存在鉴定意见的情况下忽视对其他影响个案因素的综合评判，主要或完全依据鉴定意见认定事实，从而将司法裁判权让渡于司法鉴定。① 申言之，该种"以鉴代审"的倾向，将进一步放大科学证据审查认定方面的瑕疵可能对最终裁判结果所产生的负面影响。并且，基于这种"以鉴代审"现象在司法实践中的普遍性，从科学证据适用的总体状况来看，因未能对科学证据进行有效审查认定而导致案件事实认定结果存在偏差的情况可能十分广泛。

（三）削弱司法公信力

提升司法公信力，是我国近年来推出的包括错案责任终身制在

---

① 夏万宏. 反思民事诉讼中的"以鉴代审"［J］. 中国司法鉴定，2013（6）：20-25.

内的司法体制改革所追求的主要目标之一。而基于司法公信力的本质，审判人员在科学证据审查认定方面的认知能力缺陷所导致的证据评价与事实认定瑕疵，与我国司法公信力的水平存在必然的内部联系。

具体而言，基于司法公信力的本质及其来源，司法确定力应是司法公信力的终极体现。司法确定力，即意味着生效判决认定的事实具有形式上的客观性与推定的真实性，个案事实认定的权威性则是实现司法确定力的内在要素。"只有获得权威认定的事实，才能为司法裁决的确定性提供坚实的基础。"[1] 申言之，证据审查评价方面存在的瑕疵与错误所导致的事实认定偏差，无疑会降低个案事实认定的权威性，进而影响到司法的确定力。具体到科学证据审查认定中，审判人员的认知能力存在瑕疵，对于案件审理所导致的最终负面效应即降低裁判结果相对于以案件当事人为主的其他相关主体的说服力，从而降低事实认定的权威性。因此，我国审判人员在科学证据可靠性认定方面存在的瑕疵所产生的负面结果，除了个案审判中的事实认定出现瑕疵与错误，还可能从整体上降低我国司法裁判的确定性并进一步导致司法公信力下降。为实现提升司法公信力之目的，需有效确保事实认定的权威性。而科学证据作为法官认定案件所涉及的专门性事实的主要手段之一，如果法官能最大程度确保科学证据的正确性并在此基础上正确适用科学证据，则可以有效提高专门性事实认定的准确性，从而确保司法实践中事实认定的权威性。

---

① 季晨溦. 司法确定力的形成逻辑［J］. 北方法学，2017，11（3）：150-160.

三、民事科学证据可靠性认定困境的突破

（一）突破民事科学证据可靠性认定困境的基本思路

在明确民事科学证据可靠性认定所面临的困境后，应进一步提出行之有效的解决方案，以使得科学证据可靠性认定效果得到实质改善。然而，在提出具体方案前，仍然有必要结合本研究所构建的"说服"模型与实践检验结果，明确突破科学证据可靠性认定困境的基本思路。具体而言，民事科学证据可靠性认定中面临的困境，从根本上来源于审判人员因缺乏认知能力所导致的对启发式信息的错误使用。因此，要突破民事科学证据可靠性认定中面临的困境，应重点关注审判人员认知能力的提升。

1. 明确认知能力提升方式的多样性

对于审判人员个体而言，其所具备的认知能力受到其所具有的内在个体因素的影响，如教育背景、过往经验积累等。与此同时，审判人员在具体案件中对于科学证据的认知能力，除被其内在个体因素影响之外，还可以通过外部因素的介入得到调整。因此，在科学证据审查认定过程中，审判人员认知能力提升方式具有多样性，且可划分为内部提升与外部提升两类方式。

关于认知能力的内部提升方式，基于审判主体的组成形式，此处"内部"可以指代审判人员个体的内在特质与属性维度；而当审判主体为合议庭形式时，"内部"则也可以指代合议庭内部成员所具有的具体认知能力。将"内部"以第一种含义理解时，认知能力提升途径的着力点应在于对单个个体与认知能力相关的特质与属性进行调整。而当将"内部"以第二种含义理解时，认知能力提升的着力点

应是如何使内部成员各自具有的认知能力最终在群体层面得以有效凝聚与显示，并最终形成对合议庭整体层面认知能力的调整。与对单个个体与认知能力相关的特质与属性进行调整不同，此时认知能力的提升应着力于对于合议庭组成方式以及与决策形成相关政策的调整。

而外部渠道，即从审判主体的外部提升其所具有的认知能力，则应具体到个案中予以讨论。在具体的个案中，审判人员面对科学证据的认知能力具有相对性。也即，在不同的审判情景中面对不同专业性程度的科学证据时，审判人员所具有的绝对认知能力所能理解的专业信息数量是相对的。而从审判主体的外部提升审判人员认知能力，即要在具体个案中提升审判主体所能理解与科学证据相关专业信息和内容的数量。最为典型的认知能力外部提升方式，即设置提升审判人员对个案中具体科学证据理解能力的辅助制度，如司法鉴定人出庭制度、专家辅助人出庭制度等。

对于内部方式而言，其所能达成的认知能力提升属于普遍性的认知能力提升，即能更加全面地起到认知能力提升作用。然而，基于科学证据本身的多样性与发展性，要从普遍意义上提升审判人员的认知能力，明显难度较大。对于外部方式，其相对于内部方式更加灵活并更加行之有效。但本质上，要有效通过外部方式提升审判人员在具体个案中的认知能力，仍然需要依赖于审判人员的内部认知能力。也即，存在外部方式的情况下，审判人员对于科学证据的理解程度具体能提升多少，还是在一定程度上受其内在认知能力影响。据此，制定审判人员认知能力提升方案时，应认清认知能力提升方式的多样性，并综合考虑各种方式分别具有的优势与缺陷。

2. 承认认知能力缺失的不可避免

人类的认识活动是绝对性与相对性的辩证统一。总体上，以人类产生发展乃至消亡的全过程为出发点，人类可以通过实践获取无限的经验和思维，进而人类可以无限地认识物质世界。然而，在具体某个时间节点上对于某个具体个体的认识，必然会受到各种限制。此时，人类对于具体事物的认识又是有限的。并且，这种认识的有限性是不可避免的。具体到诉讼程序中，司法证明活动是在司法制度下进行的，且需要消耗一定量的司法资源。但司法资源具有相对稀缺性，司法程序的运行无法容忍对司法资源无休止的消耗，因而具体的司法证明活动必须在一定的时间段内完成，进而使得司法证明活动面临认识有限性问题。①

依据证据法学的认知论基础，查明客观真实应以人类认识客观世界的能力为前提。虽然不能否定客观真实确实存在，且认识客观真实的可能性也是完全必要的，但同样需要承认人的认知能力的有限性。并且，除了个体自身认知能力的局限性，客观外界的种种因素同样会对其认知能力产生限制。② 申言之，在具体条件限制的情况下，认知能力缺失的情形也不可避免。具体到司法实践领域，由于事物的发展性，以及司法实践所涉及领域的广泛性，从普遍意义上而言，法官在司法实践中存在的认知论缺位问题，即认知能力缺失，其实并不少见。③ 对于科学证据可靠性认定而言，认知能力缺失的问题可以说是不可避免的。在科技发展的特定时段，特定审判人员可能在其所审理的不同类型案件中需要面对类型多样的科学证据。并且，随着科技的进步发展，审判人员所面对涉及同一学科领域的科学证据所包含的实质内容也会随之发展变化，进而使得其所面对的科学证据呈现出纵向的多样性。一方面，司法实践中所面对的科学证据具备多样性，且随着科学技术的发展，该多样性仍在继续增强。对于特定的审判主体而言，其可能面对的科学证据当然同样具有多样性。因此，审判人员虽然可能具备一定程度和特定领域的专业知识背景与经验，

---

① 汪建成. 司法鉴定基础理论研究［J］. 法学家，2009（4）：1-27+157.
② 易延友. 证据法学的理论基础：以裁判事实的可接受性为中心［J］. 法学研究，2004（1）：99-114.
③ 王申. 法官的理性认知与司法前见［J］. 法律科学（西北政法大学学报），2012，30（6）：27-35.

但由于科学证据本身所包含知识内容的专业性，审判人员无法做到深度与广度兼具。另一方面，科学技术本身是不断发展与更新的，使得呈现在审判人员面前的科学证据同样会不断更新。基于职业属性的特殊性，审判人员所积累的经验仍然主要集中于司法领域，其对于科学证据所涉及的科学技术原理的理解必然不可能完全与科学技术本身的发展同步。因此，在科学证据可靠性认定中，审判人员所具备的认知能力必然存在相对缺失的情形。

总体而言，基于人类认识世界能力的相对性与司法证明活动的特殊性，在具体科学证据的审查认定中，审判人员认知能力的缺失不可能完全避免。因此，提升审判人员认知能力虽是应对科学证据可靠性认定困境的根本路径，但在制定认知能力提升方案时，应当以承认审判人员认知能力缺失不可避免这一客观事实为前提。

3. 明确启发式信息的积极功能

出于定分止争之目的，诉讼程序的开展要求法官必须在一定的时间期限内完成包括法律适用以及事实认定等具体任务，并形成最终的裁判结果。换言之，在进行科学证据审查的过程中，即便是审判人员缺乏通过实质内容审查而形成关于可靠性认定之内心确信的认知能力，其还是需要依据其所能获得的有限信息作出相应裁决。

当审判人员因缺乏认知能力而无法获得足够的实质性信息时，通过外围路径所获取的启发式信息有助于审判人员丰富决策支撑信息，进而促使其形成关于科学证据可靠性的内心确信，并最终使其及时裁决案件。因此，虽然审判人员所选择的启发式信息本身可能存在瑕疵，但对于诉讼程序本身则存在一定的积极推动作用。与此同时，外围路径能够为实质内容审查提供替代方案，从而可以有效减少在决策者知识库中检索和存储信息的烦琐工作，并最终可以通过较少作出选择或判断所必须的综合信息数量来简化决策过程。① 从普遍意

---

① 李安. 司法过程的直觉及其偏差控制 [J]. 中国社会科学，2013（5）：142-161+207-208.

义上来讲，外围路径决策方法是一种客观存在的问题解决方法，并有助于提升决策效率。审判人员需要在有限的时间内依据其能获取的有限信息完成对科学证据的审查认定，通过借助启发式信息来简化决策过程并提升决策效率，有助于诉讼程序的有序推进。

综上所述，在因认知能力缺失而被迫求助于启发式信息时，审判人员同样可以主动利用启发式信息提升决策效率。因此，至少从提升审判效率的角度而言，启发式信息存在其有利的一面。据此，应对民事科学证据可靠性认定困境，要认清认知能力缺失的不可避免性，但同时也要认识到启发式信息应有的积极功能。

4. 理解经验信息的可调整性

在我国司法实践中，审判人员的科学证据可靠性认定决策可能缺乏正当性的根本原因，在于审判人员作出决策时所依据的启发式信息中包含有不合理成分，甚至是偏见。故此，在认知能力缺失不可避免且有必要积极利用启发式信息的情况下，确保审判人员对于启发式信息的正确使用，同样应是应对科学证据可靠性认定困境的关键途径。

如前文所述，启发式信息是审判人员基于其自身经验获得的。而经验，则是个体从长期反复的实践中不断归纳总结所得的，其中也包含个体根据不同阶段的实践经历对其积累的经验的调整与修正。审判人员所获得的具体司法经验，同样需要经历调整与修正，而非是固定和一成不变的。[①] 具体到科学证据可靠性认定中，对于同一类型的科学证据，审判人员必然会在长期的案件审理过程中反复面对。一方面，虽然审判人员所面对的科学证据类型与科学证据所包含的信息基本相同，但个案中所存在的外在因素仍然有可能使审判人员形成对科学证据的不同理解。例如，当外部机制有效提升审判人员对于科学证据实质内容的理解时，相对于此前未能有效理解的情形，其对于

---

① 资琳. 案件事实认定中法官前见偏差的修正及控制 [J]. 法商研究，2018，35（4）：71-81.

科学证据的认知得以提升，关于科学证据可靠性方面的经验也可能得到更新。另一方面，在长期反复的司法实践中，审判人员的错误经验存在得到纠正的可能。具体而言，如果审判人员对启发式信息的错误使用导致决策错误，在二审或审判监督程序中，该部分决策错误能够得到确认并修正，从而使审判人员关于该决策所涉及的科学证据的经验得到调整。当法官再次面对该类型科学证据时，则有可能调整其对于相关启发式信息的认知与适用，从而使其在科学证据可靠性认定方面的经验得到调整与更新。因此，应对科学证据可靠性认定困境，还可以考虑对审判人员在科学证据可靠性认定方面的经验信息进行调整。

（二）民事科学证据可靠性认定规制方案

1. 提升审判主体内部认知能力

在我国民事诉讼实践中，审判人员的认知能力缺陷是导致科学证据可靠性认定存在非正当性成分，并可能导致更深层次不利后果的根本原因。因此，要从根本上改善科学证据可靠性认定现状，必然应以提升审判主体认知能力为出发点。

（1）引入技术法官制度

审判人员缺乏全面审查科学证据所需认知能力的根本原因，在于知识类型间难以跨越的鸿沟。法官所积累的非专门性知识，不足以实现对与科学证据相关的专门性知识的有效理解。因此，提升审判主体认知能力的有效方法，应是增加审判主体在与科学证据相关领域的知识积累。具体来说，本研究赞同有学者提出的，在涉及专门性事实认定的案件中引入技术法官的设想。① 即在我国法官队伍中，引入具有相应专业领域教育背景，甚至在该专业领域具有一定实践经验

---

① 关于引入技术法官之设想，参见江澜. 专家证据的司法控制与技术法官制度的可行性[J]. 法律适用，2009（5）：92-93.

的"专业人士"。

首先，引入技术法官符合提升审判主体在科学证据可靠性认定方面认知能力的内在需求。日常生活中所能接触到的科学技术产品或其他形式的科学技术方法应用，背后所涉及的基本科学技术原理以及相关的科学技术方法十分庞杂。与此同时，这些科学技术原理，尤其是相关的科学技术方法一直在不断发展与变化。如果没有接受相应科学技术领域的系统教育，要对庞杂的科学知识体系形成有效的认识与理解，并适应科学技术原理与方法的发展变化，应当是难以实现的。因此，从可行性与有效性的角度来说，引入具有相应专业领域教育背景，甚至在该专业领域具有一定实践经验的"专业人士"，应当最能满足提升审判主体在科学证据可靠性认定方面认知能力的内在需求，且是最为行之有效的方法之一。

其次，引入技术法官符合司法体制改革的制度构建要求。现行关于加强法官对案件中专门性事实认定能力的辅助制度，主要包括司法鉴定制度、专家辅助人制度及专家咨询制度。近些年来，在知识产权案件审理中，为弥补上述辅助制度的不足，还专门设立技术调查官制度。[①] 这些制度在实践中发挥了非常积极的作用，但也都有着一定的缺陷，难以达到预想的效果。尤其是在案件所涉及的事实专业性相对较强的情况下，现有制度的缺陷就表现得更加明显。与此同时，无论是普遍使用的相关专门性事实认定辅助制度，还是在知识产权案件中专门设立的技术调查官制度，均是从审理人员外部提供关于专门性事实认定的参考意见。最终是否对该意见予以采纳，以及如何基于该意见进行最终的裁决仍然需要由法官来决定。[②] 目前正在试点中的专家陪审员制度虽然在一定程度上符合从审判人员内部提升专门

---

① 李昌超. 我国技术调查官制度的逻辑生成及制度前景 [J]. 河南大学学报（社会科学版），2017，57（4）：74-80.

② 依据《最高人民法院关于技术调查官参与知识产权案件诉讼活动的若干规定》，技术调查官由法院内部设立，但其性质依然为审判辅助人员。

性事实认定能力的目的，但囿于我国目前的审判机制，陪审员仅存在于一审案件的审判中且不包含适用简易程序的情况，专家陪审员制度仍然无法全面满足审判需求。因而，要提升审判人员专业性事实认定能力，除外部辅助制度以外，更应该从审判人员内部出发构建相应提升制度，而技术法官制度则恰好满足这一制度构建要求。

最后，技术法官制度在域外已有成功的实践。为了满足专利纠纷案件审理的需求，以德国为典型的部分国家和地区，在专利案件审理中专门设立了技术法官制度，专利案件审判庭包括满足技术要求的法官（technically qualified judges）与满足法律要求的法官（legally qualified judges）两类，其中满足技术要求的法官即国内学者所称的技术法官。[①] 技术法官拥有相应技术领域的学位，还具备与相应诉讼类别相关的民事诉讼法律及程序方面的知识。德国的司法实践经验已经表明，技术法官制度最直观的作用便是诉讼过程中对鉴定专家的需求量下降。[②] 鉴定专家参与诉讼程序，系为了对诉讼程序中存在争议的专门性事实给出专业性的认定意见，以供法官完成对于该专门性事实的认定。从本质上来说，诉讼程序中对于鉴定专家的需求，源于审判人员无法通过其自身的认知能力完成对于具体案件中存在争议的专门性事实的认定。因此，鉴定专家需求量的减少，在一定程度上说明审判人员对于专门性事实的认定能力得到提升。由此说明，技术法官的引入，能够实现从内部提升审判主体在科学证据可靠性认定方面认知能力的目的。

（2）加强复合型法律人才储备

从德国联邦专利法对技术法官知识背景及审判庭组成的要求来看，即便是技术法官的技术知识储备能在案件审理过程中发挥重要

[①] 欧洲统一专利法院中也设置有技术法官。参见程雪梅，何培育. 欧洲统一专利法院的考察与借鉴：兼论我国知识产权法院构建的路径［J］. 知识产权，2014（4）：89-94.

[②] Pakuscher E K. The symbiosis of lawyers and natural scientists as judges of the Federal Patent Court in the Federal Republic of Germany［J］. Tulane European & Civil Law Forum，1994，9：215.

作用，法律专业知识依然应受到重视。实际上，在确立知识产权案件审理中的技术调查官制度前，学界便存在关于采用技术法官制度还是技术调查官制度的讨论。知识产权案件所涉及的知识领域繁多，且对于专利技术的认定往往涉及相应领域的前沿技术。而我国当前法官队伍中既具备技术背景又具备法律背景的法官十分稀缺，导致不具备在知识产权案件审理中实行技术法官制度的现实基础，最终我国选择采用技术调查官制度。① 由此，也反映出我国当前法官队伍建设过程中复合型法律人才储备不足的现状。因此，要确保技术法官制度在我国能够顺利构建并实施，需要增强复合型法律人才的储备。具体而言，法院系统本身需要扩大对复合型法律人才的引进，而教育体系则须完善复合型法律人才的培养机制。

一方面，扩大对复合型法律人才的引进。技术法官的专业知识背景的最佳来源，应是与相应科学领域相关的系统教育背景。并且，基于法律专业知识对于法官任职的重要性，应该说，具备理工科与法学学科双重教育背景的专业人才应是复合型法律人才的最佳来源。② 然而，其一，我国系统的复合型法律人才培养机制成型较晚，在此之前，复合型法律人才资源本身较为缺乏。其二，在我国系统的复合型法律人才培养机制成型后，复合型法律人才资源得到丰富，但受传统思维及对目前我国法学教育制度存在质疑等因素的影响，相比于复合型法律人才，包括法院在内的实务部门在人才引进过程中更加青睐具有法律本科学位的求职者，从而在一定程度上导致法院体系内复合型法律人才缺乏的现状。③ 因此，基于目前司法实践中对复合型法律人才的迫切需求，法院体系对复合型法律人才应持更加开放的

---

① 李昌超. 我国技术调查官制度的逻辑生成及制度前景 [J]. 河南大学学报（社会科学版），2017, 57（4）：74-80.

② 当然，具备理工科教育背景的相关人士也可通过积累与司法领域相关经验而获得与法学学科相关的知识积累，从而满足成为技术法官的潜在资质。

③ 朱梦羽. 美法两国法学教育模式对我国高等法学教育的启示 [J]. 中国大学教学，2015（12）：79-85.

态度。尤其是在我国法学教育制度不断完善的情况下，法院体系在人才引进过程中应该择优录取符合自身需求的复合型法律人才。

另一方面，完善复合型法律人才教育培养机制。经过多年的改革与发展，我国逐渐形成了兼顾学术型与应用型法律人才培养的法学教育体系。其中，非法本法律硕士培养模式则成为培养复合型法律人才的主要方法和渠道。但相比于制度设计中对于不同培养模式的明确区分，在具体的教学环节和培养过程中我国法学教育却存在一定程度的同质化。一般都采取统一的教学模式，甚至使用同一管理方式，使得针对复合型法律人才培养的特殊性无法真正得到体现。① 然而，基于复合型法律人才培养目的，非法本法律硕士与学术型硕士培养模式必然应存在区别，即便是与同样具有培养实践型人才目的的法本法律硕士也应存在一定的区别。具体而言，基于培养技术法官储备人才的需求，由于非法本法律硕士学生在入学时不具备法学理论基础，在制定培养计划时除应与法本法律硕士一样注重实践技能培养之外，还应更加注重对其进行法学理论知识教育。

（3）完善专家陪审员制度

随着科学技术的发展，法官需要审查的科学证据类型也可能发生变化。并且，随着公民法律意识增强，纠纷时诉诸司法程序的可能性越来越大，导致案件数量越来越大。法院系统内"案多人少"的状况日益凸显，且近年来所施行的法官员额制进一步加剧了该状况。② 从而，使得单个法官所要面对的案件类型更加多样化，并使其所要面对的科学证据也可能进一步多样化。因此，为缓解法官专业知识背景的单一性与可能面对科学证据的多样性间的冲突与矛盾，还需要其他相关机制予以弥补。而在涉及特定专业领域的案件审理中引入专家陪审员，则被认为是行之有效的解决方案之一。

---

① 丁国峰. 论我国法学教育"一体两翼"培养模式的构建与完善［J］. 河北法学，2018，36（8）：2-13.

② 张榕. 法官员额制下诉讼分流机制之建构［J］. 社会科学辑刊，2019（3）：156-163.

相比法官，人民陪审员的遴选以及对于具体案件审理的参与更加具有灵活性。① 具体而言，一方面，人民陪审员在任职资格上具有灵活性，从而可以增强人民陪审员群体在专业知识背景方面的多样性。具体而言，对于人民陪审员的任职资格，相关法律规范仅对其提出排除性规定，即不存在不能作为人民陪审员参与庭审的情形的，均有资格被遴选成为人民陪审员，进而使得具备各类专业知识背景的普通公民加入人民陪审员群体成为可能。并且，相比于法官遴选，人民陪审员的遴选机制更加灵活。另一方面，与法官审理案件领域相对固定不同，人民陪审员可参与审理的案件类型并不固定。而人民陪审员参与审理案件类型的灵活性，可以使得法官在具体案件审理中根据案件中可能遇到的专门性事实类型确定具有相应知识背景的人民陪审员。据此，如若引入专家陪审员，即选取具有相关专业知识背景的公民成为人民陪审员参与案件审理，可以有效缓解法官专业知识背景的单一性与可能面对科学证据的多样性间的冲突与矛盾。

实际上，根据最高人民法院《关于适用〈中华人民共和国人民陪审员法〉若干问题的解释》第 3 条规定，人民法院可以根据案件审理需要，选取具有相应专业知识的人民陪审员参与合议庭审判。而依据最高人民法院及司法部于 2015 年 5 月联合印发的《人民陪审员制度改革试点工作的实施办法》规定，人民法院可以根据人民陪审员专业背景情况，结合本院审理案件的主要类型，建立专业人民陪审员信息库。这实际上为在审判中引入专家陪审员提供了较为明确的指引，并从系统上明确了专家陪审员的遴选与管理机制。在试点工作中，为了提升人民陪审员在疑难复杂案件中的事实认定能力，部分试点法院实际上也结合知识背景和从业经历，对具有建筑、会计、医

---

① 有学者将专家陪审员与人民陪审员视为两种独立主体看待，并提倡对二者适用不同制度规则。但本研究认为应当将专家陪审员视为具有相应专业知识背景与经验的人民陪审员，并不设定关于专家陪审员的特定制度规则。参见郑飞. 论中国司法专门性问题解决的"四维模式"[J]. 政法论坛，2019，37（3）：67-77.

疗、金融等专业知识的人民陪审员选任机制进行了积极探索。然而在具体实践中，人民陪审员，尤其是专家陪审员的选取及其对于案件审理的具体参与，都还存在较为明显的问题与困难。一方面，依据现行法律规范，人民陪审员主要以随机抽取为主、推荐申请为辅的方式选取产生。然而，由于居民基本数据信息不完善、不准确，以及户籍登记制度存在瑕疵等方面的原因，如何在保证随机性与公正性的基础上保证人民陪审员的素质水平，是目前人民陪审员遴选面临的主要问题之一。① 而专家陪审员的专业素质与水平是保证审判组织认知能力的关键因素，人民陪审员的遴选问题会在专家陪审员遴选过程中更加凸显。另一方面，人民陪审员制度在实践中仍然存在不足，制度实施效果与其目标仍有差距。② 因此，要使专家陪审员制度的实施具有实效性，则至少还应进一步完善人民陪审员选取机制，并进一步明确人民陪审员在案件审判中的职责与权利。

2. 加强辅助机制

目前，我国针对鉴定意见审查的辅助机制，主要包括鉴定人出庭、专家辅助人，以及针对知识产权案件所专门设置的技术调查官制度等三种形式。其中，一方面技术调查官制度适用范围被严格限定，另一方面其所针对的主要是案件中所涉及的专门性事实本身，而非科学证据。因此，对于科学证据可靠性认定而言，更为普遍与有针对性的辅助机制应为司法鉴定人出庭与专家辅助人两类。然而，从本研究的实证检验结果来看，两类辅助机制均未能起到提升审判主体认知能力的实际作用。故此，有必要在完善现有制度的基础上同时寻求新的制度以加强对鉴定意见的审查质证。与此同时，因司法鉴定人出庭制度当前已得到极大完善，辅助机制加强的重心应在完善专家辅助人制度上。

---

① 刘洪岩，孙盈. 让人民陪审员参审权名至实归 [J]. 人民论坛，2018 (29)：90-91.
② 樊崇义，徐歌旋. 人民陪审的路径检视及制度展望：以全过程人民民主为视角 [J]. 河北法学，2024，42 (2)：2-15.

实践中，专家辅助人主要依据当事人申请，代表当事人对诉讼程序中的鉴定意见或专门性问题提出意见和质疑。因而，其本质在于提升当事人举证质证能力。而审判人员，则能从专家辅助人提出的质证意见中提升其对于鉴定意见实质内容的理解。然而，本研究在数据选择过程中并未获得足够的关于专家辅助人出庭的案件数据，且实证分析结果显示当事人异议的专业性程度未对科学证据可靠性认定产生显著调节作用。可以猜测，当事人异议未对科学证据可靠性认定产生调节作用，即未能有效提升审判主体的认知能力，与专家辅助人出庭率存在一定的因果关系。申言之，专家辅助人制度适用率较低，从而未能从整体上提升当事人质证意见的专业性程度，进而未能有效提升审判主体的认知能力。与此同时，由于审判人员对作为证据的当事人陈述重视程度较低，将专家辅助人意见视为当事人陈述，专家辅助人意见的实际效力也难以得到本质提升。并且，将专家辅助人意见视为当事人陈述，也可能会在一定程度上进一步影响审判人员对专家辅助人意见中立性的认知，从而在意见审查过程中产生偏见，进而影响专家辅助人意见效力的发挥。[①] 故此，在学界提出的明确专家辅助人意见效力、明确专家辅助人诉讼地位、明确专家辅助人资格认定及明确专家辅助人的权利义务等方面的基础上，[②] 应至少着重强调提升专家辅助人出庭率以及提升专家辅助人制度的实际效果两个方面。

关于专家辅助人出庭率，除专家辅助人出庭的程序规范有待完善外，专家辅助人资源难以获取也是提升专家辅助人出庭率所面临的主要问题之一。具体而言，与司法鉴定行业由司法行政部门统一监

---

① 从专家辅助人意见的本质而言，专家辅助人作为专业人员，其必须基于相应专业知识经验作出意见陈述，因而专家辅助人意见本质上应当是客观、中立的。但由于专家辅助人与当事人之间的利益关系，对于专家辅助人中立性的怀疑长期存在，而明确将专家辅助人意见视为当事人陈述，则无疑会进一步加深该种怀疑。参见毕玉谦. 专家辅助人制度的机能定位与立法性疏漏之检讨 [J]. 法治研究, 2019 (5): 75-85.

② 徐胜萍, 张雪花. 论民事诉讼专家辅助人制度的完善 [J]. 海南大学学报（人文社会科学版）, 2016, 34 (3): 102-107.

督与管理不同，专家辅助人未受统一监管，也无接受委托的公开渠道。因而，当事人必须通过挖掘自身所具有的社会资源与人际关系才有可能获得相应的专家辅助人资源。在穷尽自身社会资源与人际关系后仍然无法获取到专家辅助人资源的情况下，大多数当事人转而委托司法鉴定人作为专家辅助人出庭发表质证意见。一方面，在司法行政主管部门对其执业范围进行限制的情况下，司法鉴定人是否能以专家辅助人身份出庭发表专业意见仍然有待商榷。另一方面，因专家辅助人须在质证过程中与司法鉴定人"对抗"，本身具有司法鉴定职业资格的专业人员往往会对作为专家辅助人出庭产生顾虑。[①] 对此，我们认为，为更为有效地施行专家辅助人制度，至少应当进一步明确专家辅助人的资格问题。并且，相关部门应当引导专家辅助人行业的形成与有序发展，以形成专家辅助人委托的系统性公开的渠道。[②]

而关于专家辅助人意见，基于当前司法实践对专家辅助人意见需求的发展变化，应将专家辅助人意见区别于当事人陈述，明确其独立证据属性。具体而言，专家辅助人意见作为科学证据，其本质上属于专家辅助人基于其所具有的专业知识与经验所形成的专业意见，其中所涉及的事实为抽象性事实。而当事人陈述则不同，当事人陈述所包含的主要是对案件具体事实的表述，即其所涉及的主要是具体事实。故此，基于二者的不同属性，将专家辅助人意见视为当事人陈述，其合理性还值得商榷。并且，专家辅助人意见作为科学证据的一种，其审查规则应当具有相应的特殊性，将专家辅助人意见视为当事人陈述同样也有碍于专家辅助人意见审查规则的制定与完善。与此同时，依据司法行政机关所提出的司法鉴定管理改革方案，除"四

[①]　陈邦达. 专家辅助人制度：面临问题与完善路径［J］. 理论探索，2016（1）：123-128.

[②]　实际上，本研究开展时，已经存在一定数量的专门提供专家辅助人服务的第三方服务机构，但总体规模与覆盖范围仍然有限。例如中冠专家辅助人网（http://www.zgzjfzr.com/）、三方专家辅助人网（http://www.zhuanjiafuzhuren.cn/）等。

大类"鉴定以外，原有的其他类型司法鉴定不再纳入统一管理，且要求注销相应司法鉴定机构及司法鉴定人职业资质。故此，基于司法实践对于科学证据的客观需求，必然将有大量原属于司法鉴定范围内的专门性事实认定需求转向专家辅助人，进而使得司法实践中对于专家辅助人意见的需求量显著增加。因此，为确保专家辅助人意见审查的规范性，以及专家辅助人意见能够产生实际效力，必然需要在明确其独立证据属性的基础上，制定详细而完善的证据审查规则。

3. 完善经验信息调整机制

因审判人员认知能力缺失不可避免，通过调整审判人员在启发式信息选用方面的经验，促使其选用与科学证据可靠性内在联系更为密切且盖然性更高的启发式信息，成为规制科学证据可靠性认定的最后一道防线。而对于审判人员所具有的经验的调整，应至少做到心证过程得以窥见，并能实现对于该过程的有效评判两部分内容。

（1）加强心证公开力度

心证公开的理论基础在于体现和保障程序公正，其目的则在于保障诉讼过程公正以及避免法官诉讼突袭、恣意裁判。心证公开系通过促使审判人员将其心证相关内容通过一定形式予以公开，使得诉讼当事人及其他相关主体可以根据公开内容调整其诉讼策略或行使其监督权利。具体到科学证据可靠性认定中，通过心证公开，即可实现对科学证据可靠性认定思路与逻辑的审视与监督，从而有助于发现审判人员所利用的经验信息中的不合理成分，进而依据前文所阐述的经验信息调整机理，实现对经验信息的调整。心证公开的具体形式，包括通过裁判文书形式所进行的静态公开，以及在庭审过程中进行的动态公开。① 静态公开允许诉讼参与人员及相关监督主体在案件审理完结后，通过对裁判文书中相关内容的研读，有效理解具体案件中审判人员心证公开的程度以及具体内容；动态公开则允许诉讼参

---

① 唐静. 论民事诉讼庭审中的心证公开［J］. 法律适用，2014（4）：111-115.

与人员及相关监督主体在案件审理中实时理解审判人员作出相应决策的具体思路与理由。而心证公开的内容，一般包括心证过程公开、心证结果公开以及心证理由公开等三个主要方面。①

依据本研究在数据提取过程中对于裁判文书具体内容的研读，可以发现，裁判文书中对鉴定意见审查相关心证内容的公开并不理想。尤其是认定鉴定意见可以被作为事实认定依据予以使用的裁判文书中，审判人员基本上只对鉴定意见审查认定结果予以说明。申言之，审判人员对于科学证据可靠性认定的心证公开程度较低，可能难以实现经验信息调整之目的。因此，应当进一步加强对科学证据可靠性认定心证过程以及理由的公开。一方面，案件审理过程中的动态心证公开，可以使诉讼当事人及时了解审判认定的心证内容，从而有机会提出更加具有针对性的反驳意见或证据，进而使得审判人员能够依据新的质证意见或证据材料及时审视自己的心证依据和理由，实现对经验信息使用的调整。对于科学证据可靠性认定而言，动态心证公开允许审判人员根据新的质证意见或证据材料来重新审视其意欲使用的启发式信息。从而，不仅可以避免对于启发式信息的误用，也可以使审判人员根据该部分意见与材料更新自身对于启发式信息的理解与认识，进而实现对经验信息的更新。另一方面，案件审理完成后，在裁判文书中进行静态心证公开，则可以使诉讼当事人在后续救济程序中提出更加具有针对性的理由与证据，也可以使后续救济程序中审判人员更加有效地评判裁判结果的正当性。对科学证据可靠性认定而言，在裁判文书中的静态心证公开，可被视为一种外部监督的可能性。后续救济程序对于其认定结果的评判，尤其是否定性评判，可以使审判人员形成对于启发式信息的新的理解与认知，从而实现对其经验信息的调整。

---

① 张海燕. 民事诉讼案件事实认定的程序保障机制研究 [J]. 东岳论丛，2012，33（2）：158-162.

（2）规范司法鉴定管理

当审判人员缺乏认知能力时，会选择借助启发式信息完成可靠性评价，但其对启发式信息的选用存在一定的偏见。而该部分偏见形成的原因之一，即审判人员对司法鉴定行业的理解趋于表面。例如，审判人员更多地通过司法行政机关作出的认定和评价，来获取关于鉴定机构或司法鉴定人的资质与实力的认知。申言之，司法行政管理部门所作出的相关认定和评价，在很大程度上会直接影响到具体的启发式信息的形成，从而影响到科学证据可靠性认定结果。根据本研究的理论分析与实证检验结果，包括司法鉴定机构可信度以及司法鉴定人可信度在内的相关启发式信息均可能对审判人员的科学证据可靠性认定决策产生影响。并且，该部分启发式信息的形成可能在较大程度上与司法行政管理部门的管理决策相关。据此，可以认为，规范司法鉴定行政管理，可以在一定程度上减少审判人员所依据的启发式信息中所包含的偏见。就减少启发式信息中所含偏见而言，对司法鉴定行政管理的规范，应主要集中在资质评定与投诉处理两个主要方面。

鉴定机构可信度与科学证据可靠性间虽不具备内在的必然联系，但不可否认的是，鉴定机构如果能够在质量管控方面做得更加严格、更加有效，其出具高质量鉴定意见的概率越大，则启发式信息与科学证据可靠性间的盖然性程度更高。而具体到司法鉴定人可信度中，司法鉴定人所具备的专业知识以及其准确运用专业知识的能力，与科学证据可靠性间的联系更加密切。如果能对司法鉴定人资质进行客观有效的评价，审判人员依据该评价结果所形成的经验信息无疑会带有更少的偏见，其依据该部分经验信息所作出的科学证据可靠性认定结论也应具有更高的准确性。因此，提升司法行政管理部门对司法鉴定机构以及司法鉴定人评价的质量，也可在一定程度上削减科学证据可靠性认定结果中所包含的偏见。与此同时，《民事证据规定》第33条新增了对鉴定人在鉴定之前签署承诺书、对故意虚假鉴定进行制裁的规定，也能在一定程度上通过提升鉴定人实施鉴定行为的规范性来提升鉴定意见质量，进而提升鉴定主体可信度与鉴定意见可靠性间的盖然性程度。然而，一方面，由于没有对鉴定人义务进行明确统一的表述，承诺书所应承载的具体内容在司法实践中还具有不确定性，新增规定对于鉴定人具体行为的实际约束力尚不得而知；① 另一方面，司法鉴定本身具有较强的专业性，对于具体鉴定行为与过程的监督，并非是作为"门外汉"的审判人员可以单独实现的。并且，对于虚假鉴定行为本身，也可能需要通过司法鉴定管理主体组织本领域专家进行认定。故此，虽然《民事证据规定》对故意虚假鉴定的约束与制裁作出规定，但提升鉴定主体可信度与鉴定意见可靠性间的盖然性程度，仍应以加强司法鉴定管理为重点。具体而言，对司法鉴定管理的规范，应主要集中在资质评定与投诉处理两个方面。而基于司法鉴定所具有的特殊性，对司法鉴定管理的规范，应当注重司法行政机关管理与行业协会管理的有效结合。②

就目前而言，我国司法行政管理部门对于司法鉴定人的资质评价主要集中在准入阶段，即要求申请成为司法鉴定从业人员的，必须满足一定的资质要求。③ 相对而言，一旦被批准成为司法鉴定人，在后续司法鉴定执业活动中即缺乏较为长效的动态评价机制。也即，无法有效评价随着科学技术的发展，司法鉴定人是否仍然具备出具符合要求的鉴定意见的能力。因此，为确保有效评价司法鉴定人资质，在现有的资质评价机制的基础上，应进一步健全长效的动态评价机制。也即，动态评定其是否具备从事司法鉴定的专业技术能力。并且，基于司法鉴定所具有的专业性，司法行政机关对于司法鉴定机构

---

① 最高人民法院民事审判第一庭. 最高人民法院新民事诉讼证据规定理解与适用（上）[M]. 北京：人民法院出版社，2020：348.

② 部分研究成果已经对行业协会管理的重要性及具体管理措施作出分析阐述。参见陈如超. 司法鉴定管理体制改革的方向与逻辑 [J]. 法学研究，2016，38（1）：187-208.

③ 郭华. 司法鉴定制度改革与司法鉴定立法之推进关系 [J]. 中国司法鉴定，2018（5）：1-7.

及鉴定人资质的动态评价，应当有效结合来自司法鉴定行业协会的协助，如在具体的资质评定过程中充分考量司法鉴定行业协会相关专业委员会出具的专家意见。

司法鉴定投诉是链接鉴定意见适用与司法鉴定管理的有效机制。一方面，依据相关利益主体投诉，经由司法行政管理部门及司法鉴定行业协会依据专业知识与程序作出的相应处罚结果，审判人员可以对出具该鉴定意见的司法鉴定机构以及司法鉴定人形成新的认识；另一方面，司法行政管理部门及司法鉴定行业协会认定并予以公开的投诉处理结果，在一定程度上有助于审判人员认清司法鉴定机构与司法鉴定人所表现出的外在可信度与具体科学证据所具有的可靠性程度间的界限，从而使其对该部分启发式信息的使用更加谨慎。然而，基于实践中司法行政管理部门对司法鉴定投诉处理流于形式的现状，要真正实现调整审判人员经验信息之目的，还要进一步完善司法鉴定投诉处理机制。① 而要完善司法鉴定投诉处理机制，必然需要强调司法鉴定行业协会对于投诉处理过程的参与，尤其是对违法违规调查程序的有效参与。与此同时，司法鉴定行业协会也应当完善自身的违规惩戒机制，并在司法行政机关设立的司法鉴定投诉机制的基础上，进一步完善对司法鉴定机构及鉴定人的管理。

---

① 司法鉴定投诉处理实践状态，参见陈如超. 论司法鉴定管理与使用的衔接机制 [J]. 证据科学，2018，26（3）：281-299.

附录 鉴定机构抽样结果

法医类鉴定机构抽样结果

机构名称	省、区、市	区域
烟台正禾司法鉴定所	山东	东部地区
广东永建法医物证司法鉴定所	广东	东部地区
仪征市人民医院司法鉴定所	江苏	东部地区
丽水市第二人民医院司法鉴定所	浙江	东部地区
广东韩江司法鉴定所	广东	东部地区
佛山市顺德区伍仲珮纪念医院法医精神病司法鉴定所	广东	东部地区
上海恒量医学交流服务中心司法鉴定所	上海	东部地区
永年司法医学鉴定中心	河北	东部地区
故城司法医学鉴定中心	河北	东部地区
济宁阳光司法鉴定所	山东	东部地区
烟台衡信司法鉴定中心	山东	东部地区
聊城市人民医院司法鉴定中心	山东	东部地区
藁城司法医学鉴定中心	河北	东部地区
天津市司法精神病鉴定委员会	天津	东部地区
福建益科司法鉴定所	福建	东部地区
金华正路司法鉴定所	浙江	东部地区
福建华闽司法鉴定中心	福建	东部地区
广东鉴证痕迹司法鉴定所	广东	东部地区
广东广济司法鉴定所	广东	东部地区

续表1

机构名称	省、区、市	区域
固安司法医学鉴定中心	河北	东部地区
扬中市人民医院司法鉴定所	江苏	东部地区
淮安市第二人民医院司法鉴定所	江苏	东部地区
广东弘诚法医临床司法鉴定所	广东	东部地区
广东韶州微量司法鉴定所	广东	东部地区
广东国泰法医临床司法鉴定所	广东	东部地区
聊城临清市人民医院司法鉴定所	山东	东部地区
广东通济司法鉴定中心	广东	东部地区
沧县司法医学鉴定中心	河北	东部地区
河间司法医学鉴定中心	河北	东部地区
张家口市法医鉴定中心	河北	东部地区
新乐司法医学鉴定中心	河北	东部地区
福建恒正司法鉴定所	福建	东部地区
福建安泰司法鉴定所	福建	东部地区
山东信源司法鉴定所淄川分所	山东	东部地区
广东精正司法鉴定所	广东	东部地区
广东华大法医物证司法鉴定所	广东	东部地区
茂名市妇幼保健院法医物证司法鉴定所	广东	东部地区
海南医学院法医鉴定中心	海南	东部地区
无锡中诚司法鉴定所	江苏	东部地区
上海尚法生物科技有限公司司法鉴定所	上海	东部地区
齐齐哈尔和平医院司法鉴定中心	黑龙江	中部地区
吉林江城司法鉴定所	吉林	中部地区
北安市第一人民医院司法鉴定所	黑龙江	中部地区
鹤壁朝歌法医临床司法鉴定所	河南	中部地区
驻马店安康法医精神病司法鉴定所	河南	中部地区
娄底市湘涟司法鉴定所	湖南	中部地区
永州市柳子司法鉴定所	湖南	中部地区

续表2

机构名称	省、区、市	区域
黑龙江民强司法鉴定中心	黑龙江	中部地区
河南事缘法医物证司法鉴定所	河南	中部地区
赣州康泰司法鉴定中心	江西	中部地区
信阳浩然法医临床司法鉴定所	河南	中部地区
邵阳市儒林司法鉴定所	湖南	中部地区
南华大学司法鉴定中心	湖南	中部地区
湖南省中信湘雅司法鉴定所	湖南	中部地区
安徽广济司法鉴定所	安徽	中部地区
黑龙江省农垦齐齐哈尔管理局中心医院司法鉴定所	黑龙江	中部地区
安徽正大司法鉴定所	安徽	中部地区
驻马店圣洁法医临床司法鉴定所	河南	中部地区
信阳浩然法医临床司法鉴定所	河南	中部地区
三门峡崤山法医临床司法鉴定所	河南	中部地区
武汉市华谷生物科技有限公司法医物证司法鉴定所	湖北	中部地区
山西省长治市人民医院人身伤害司法鉴定中心	山西	中部地区
张家界市天正司法鉴定所	湖南	中部地区
怀化市四方司法鉴定所	湖南	中部地区
吉林省公安厅安康医院	吉林	中部地区
长治市第二人民医院司法鉴定中心	山西	中部地区
江西正一司法鉴定中心	江西	中部地区
安徽梨都司法鉴定所	安徽	中部地区
安徽思瑞司法鉴定所	安徽	中部地区
安徽瑞普司法鉴定所	安徽	中部地区
南昌精神病学司法鉴定所	江西	中部地区
襄阳职业技术学院附属医院法医司法鉴定所	湖北	中部地区
湖北诚信司法鉴定所	湖北	中部地区
周口明正法医临床司法鉴定所	河南	中部地区
吉林鸣正司法鉴定中心	吉林	中部地区

续表3

机构名称	省、区、市	区域
山西省临猗司法鉴定中心	山西	中部地区
山西金石司法鉴定中心	山西	中部地区
安徽诚安司法鉴定所	安徽	中部地区
许昌莲城法医临床司法鉴定所	河南	中部地区
安阳民心法医临床司法鉴定所	河南	中部地区
洛阳科鉴法医精神病司法鉴定所	河南	中部地区
河南同一法医临床司法鉴定所	河南	中部地区
漯河科技法医临床司法鉴定所	河南	中部地区
常德市宏德司法鉴定所	湖南	中部地区
邵阳市昭阳司法鉴定所	湖南	中部地区
湖南金泰诚司法鉴定中心	湖南	中部地区
云南公正司法鉴定中心	云南	西部地区
楚雄中大司法鉴定中心	云南	西部地区
青海省海东市人民医院司法鉴定所	青海	西部地区
四川中益司法鉴定中心	四川	西部地区
昭通市第一人民医院司法鉴定中心	云南	西部地区
合水县人民医院司法鉴定所	甘肃	西部地区
靖远煤业集团有限责任公司总医院司法鉴定所	甘肃	西部地区
甘肃科信司法医学鉴定所	甘肃	西部地区
甘肃军平司法医学鉴定所	甘肃	西部地区
重庆医科大学附属第一医院	重庆	西部地区
北海市中天司法鉴定所	广西	西部地区
重庆市大足司法鉴定所	重庆	西部地区
楚雄锦润司法鉴定中心	云南	西部地区
云南永鼎司法鉴定中心	云南	西部地区
甘肃清源司法鉴定所	甘肃	西部地区
乌兰察布市司法鉴定中心	内蒙古	西部地区
呼伦贝尔市人民医院司法鉴定所	内蒙古	西部地区

续表4

机构名称	省、区、市	区域
贵州天剑司法鉴定中心	贵州	西部地区
西宁市法医学会司法鉴定所	青海	西部地区
金塔县人民医院司法鉴定所	甘肃	西部地区
新疆同心司法鉴定所	新疆	西部地区
四川华大科技司法鉴定所	四川	西部地区
眉山公信司法鉴定中心	四川	西部地区
甘肃天平司法医学鉴定所	甘肃	西部地区
陕西咸阳核工业二一五医院法医司法鉴定所	陕西	西部地区
庆阳市道路交通安全协会司法鉴定所	甘肃	西部地区

物证类鉴定机构抽样结果

机构名称	省、区、市	地区
唐山宏基司法鉴定中心	河北	东部地区
天津市天鼎物证司法鉴定所	天津	东部地区
广东金域司法鉴定所	广东	东部地区
北京民生物证科学司法鉴定所	北京	东部地区
海南公平司法鉴定中心	海南	东部地区
广东正义司法鉴定所	广东	东部地区
中国人民大学物证技术鉴定中心	北京	东部地区
浙江迪安司法鉴定中心	浙江	东部地区
扬州大学司法鉴定所	江苏	东部地区
中海油常州涂料化工研究院有限公司司法鉴定所	江苏	东部地区
广东杰思特声像资料司法鉴定所	广东	东部地区
广东衡正司法鉴定所	广东	东部地区

续表1

机构名称	省、区、市	地区
上海市防伪技术产品测评中心司法鉴定所	上海	东部地区
江苏省交通科学研究院股份有限公司司法鉴定所	江苏	东部地区
上海联合道路交通安全科学研究中心司法鉴定所	上海	东部地区
上海华碧检测技术有限公司司法鉴定所	上海	东部地区
华东政法大学司法鉴定中心	上海	东部地区
广东财安司法鉴定所	广东	东部地区
广东弘正司法鉴定所	广东	东部地区
潍坊鑫诚司法鉴定所	山东	东部地区
青岛万方司法鉴定所	山东	东部地区
广东龙城司法鉴定所	广东	东部地区
北京长城司法鉴定所	北京	东部地区
广东安证计算机司法鉴定所	广东	东部地区
温州宏顺司法鉴定所	浙江	东部地区
杭州华硕司法鉴定中心	浙江	东部地区
宿迁子渊司法鉴定所	江苏	东部地区
广东司法警官职业学院司法鉴定中心	广东	东部地区
广东众合司法鉴定所	广东	东部地区
广东华民司法鉴定所	广东	东部地区
广东中智痕迹司法鉴定所	广东	东部地区
上海市恒平司法鉴定中心	上海	东部地区
河北司法警官职业学院司法鉴定中心	河北	东部地区
中车戚墅堰机车车辆工艺研究所有限公司司法鉴定所	江苏	东部地区
山东永鼎司法鉴定中心	山东	东部地区
淄博齐鲁物证司法鉴定中心	山东	东部地区
广东路通司法鉴定所	广东	东部地区
河南科技大学司法鉴定中心	河南	中部地区
吉林常春司法鉴定所	吉林	中部地区
山西省绛县司法鉴定中心	山西	中部地区

续表2

机构名称	省、区、市	地区
安徽亳州市中药材检测司法鉴定所	安徽	中部地区
安徽天和司法鉴定所	安徽	中部地区
湖南司法警官职业学院司法鉴定所	湖南	中部地区
常德市司法鉴定中心	湖南	中部地区
湖南省龙人司法鉴定中心	湖南	中部地区
山西昶榮司法鉴定中心	山西	中部地区
黑龙江省普利斯司法鉴定中心	黑龙江	中部地区
安徽恒正司法鉴定所	安徽	中部地区
湖北东湖司法鉴定中心	湖北	中部地区
湖北军安司法鉴定中心	湖北	中部地区
湖北中真司法鉴定所	湖北	中部地区
吉林仁合司法鉴定所	吉林	中部地区
吉林信达司法鉴定中心	吉林	中部地区
吉林公专司法鉴定中心	吉林	中部地区
黑龙江锦融成司法鉴定中心	黑龙江	中部地区
新疆中信司法鉴定中心	新疆	西部地区
成都清源司法鉴定中心	四川	西部地区
新疆衡诚司法鉴定中心	新疆	西部地区
甘肃衡信司法鉴定所	甘肃	西部地区
甘肃仁龙司法鉴定中心	甘肃	西部地区
广西天宏司法鉴定所	广西	西部地区
新疆维吾尔自治区司法鉴定科学技术研究所物证类司法鉴定中心	新疆	西部地区
陕西省信息网络安全协会声像资料司法鉴定中心	陕西	西部地区
广西众邦司法鉴定中心	广西	西部地区
甘肃科信司法医学鉴定所	甘肃	西部地区
云南利智司法鉴定所	云南	西部地区
鄂尔多斯司法鉴定中心	内蒙古	西部地区

续表3

机构名称	省、区、市	地区
陕西西安政治学院司法鉴定中心	陕西	西部地区
云南警官学院司法鉴定中心	云南	西部地区
新疆交通科学研究司法鉴定中心	新疆	西部地区
新疆恒正司法鉴定中心	新疆	西部地区
南充明澄司法鉴定所	四川	西部地区
内蒙古慧眼司法鉴定所	内蒙古	西部地区
天津市天鼎物证司法鉴定所宁夏分所	宁夏	西部地区
重庆市公信物证司法鉴定所	重庆	西部地区
甘肃申证司法医学鉴定所	甘肃	西部地区
甘肃陇通司法鉴定所	甘肃	西部地区

声像资料类鉴定机构抽样结果

机构名称	省、区、市	地区
北京华夏物证鉴定中心	北京	东部地区
北京盛唐司法鉴定所	北京	东部地区
北京通达首诚司法鉴定所	北京	东部地区
北京网络行业协会电子数据司法鉴定中心	北京	东部地区
北京信诺司法鉴定所	北京	东部地区
法大法庭科学技术鉴定研究所	北京	东部地区
国家信息中心电子数据司法鉴定中心	北京	东部地区
中国人民大学物证技术鉴定中心	北京	东部地区
北京通达法正司法鉴定中心	北京	东部地区
天津市津实司法鉴定中心	天津	东部地区
天津市天宏物证司法鉴定所	天津	东部地区

续表1

机构名称	省、区、市	地区
大连理工大学司法鉴定中心	辽宁	东部地区
司法鉴定科学技术研究所司法鉴定中心	上海	东部地区
华东政法大学司法鉴定中心	上海	东部地区
上海市恒平司法鉴定中心	上海	东部地区
海辰星电子数据司法鉴定中心	上海	东部地区
南京师范大学司法鉴定中心	江苏	东部地区
南京康宁司法鉴定中心	江苏	东部地区
扬州大学司法鉴定所	江苏	东部地区
浙江汉博司法鉴定中心	浙江	东部地区
浙江迪安司法鉴定中心	浙江	东部地区
厦门衡泰电子证据司法鉴定所	福建	东部地区
福建伊时代电子数据司法鉴定所	福建	东部地区
福建历思司法鉴定所	福建	东部地区
福建正泰司法鉴定中心	福建	东部地区
广东天正司法鉴定中心	广东	东部地区
广东南天司法鉴定所	广东	东部地区
南方医科大学司法鉴定中心	广东	东部地区
广东中证声像资料司法鉴定所	广东	东部地区
广东杰思特声像资料司法鉴定所	广东	东部地区
广东中一司法鉴定所	广东	东部地区
广东司法警官职业学院司法鉴定中心	广东	东部地区
广东康怡司法鉴定中心	广东	东部地区
广东中科司法鉴定所	广东	东部地区
广东信用司法鉴定所	广东	东部地区
广东天鉴司法鉴定所	广东	东部地区
广东华医大司法鉴定中心	广东	东部地区
广东居正司法鉴定所	广东	东部地区
广东华生司法鉴定中心	广东	东部地区

续表2

机构名称	省、区、市	地区
山西警察学院司法鉴定中心	山西	中部地区
吉林公专司法鉴定中心	吉林	中部地区
安徽全诚司法鉴定中心	安徽	中部地区
安徽中和司法鉴定中心	安徽	中部地区
安徽龙图司法鉴定中心	安徽	中部地区
江西警察学院物证鉴定所	江西	中部地区
江西求实司法鉴定中心	江西	中部地区
江西天剑司法鉴定中心	江西	中部地区
江西华安法鉴定中心	江西	中部地区
江西景盛司法鉴定中心	江西	中部地区
河南公专司法鉴定中心	河南	中部地区
湖北中真司法鉴定所	湖北	中部地区
湖北三真司法鉴定中心	湖北	中部地区
中南财经政法大学司法鉴定中心	湖北	中部地区
湖北军安司法鉴定中心	湖北	中部地区
湖南大学司法鉴定中心	湖南	中部地区
湖南省鉴真司法鉴定中心	湖南	中部地区
内蒙古慧眼司法鉴定所	内蒙古	西部地区
内蒙古警察职业学院司法鉴定所	内蒙古	西部地区
内蒙古允正声像资料司法鉴定所	内蒙古	西部地区
广西公众司法鉴定中心	广西	西部地区
广西天宏司法鉴定所	广西	西部地区
西南政法大学司法鉴定中心	重庆	西部地区
重庆邮电大学司法鉴定中心	重庆	西部地区
四川鼎诚司法鉴定中心	四川	西部地区
四川光明司法鉴定所	四川	西部地区
贵州警察学院司法鉴定中心	贵州	西部地区
贵州天剑司法鉴定中心	贵州	西部地区

续表3

机构名称	省、区、市	地区
云南警官学院司法鉴定中心	云南	西部地区
云南春城司法鉴定中心	云南	西部地区
云南云通司法鉴定中心	云南	西部地区
西北政法大学司法鉴定中心	陕西	西部地区
陕西西安政治学院司法鉴定中心	陕西	西部地区
甘肃中科司法物证技术鉴定中心	甘肃	西部地区
甘肃政法学院司法鉴定中心	甘肃	西部地区
甘肃仁龙司法鉴定中心	甘肃	西部地区
青海警官职业学院司法鉴定中心	青海	西部地区
宁夏一路平安司法鉴定中心	宁夏	西部地区
宁夏四维金盾中天司法鉴定中心	宁夏	西部地区

后　记

本书是在我的博士学位论文的基础上修改而成的。

实际上，自我的博士学位论文《民事科学证据可靠性认定实证研究》完成以来，其中的主要研究发现及观点基本都已经在写作过程中以及后续所发表的期刊论文中得以呈现，研究所涉及的部分制度规范也在较大程度上得以发展完善。因此，将博士学位论文修改成本书的主要目的，并不在于研究发现与观点的呈现。结合入职高校以来我在讲授法学实证研究方法过程中进行的思考，我认为，本书的主要贡献应在于，为有意开展法学实证研究，尤其是开展证据学领域实证研究的读者，提供一点法学实证研究方法与范式方面的参考。

第一，本书可能有益于法学学者与法科学生更全面地理解和认识定量实证研究的逻辑过程。与传统法学研究的基本逻辑不同，定量实证研究一般遵循"提出问题—理论建构—理论假设—操作化—假设检验—问题解答"的逻辑过程。鉴于传统研究方法与范式在法学领域的主导地位，当前遵循定量实证研究逻辑的法学研究成果较少，著作尤为缺乏。而本书，则严格遵循定量实证研究逻辑展开研究并组织内容。具体而言，本书在绪论部分即明确提出问题，第一章为概念辨析，第二章为"理论建构"，第三章为"理论假设"，第四章为"操作化"与"假设检验"，第五章为"问题解答"。特别需要指出的是，为避免读者走入机械式数据分析的误区，本书在"理论建构"部分对认知心理学理论与证据学理论及制度的深度融合进行重点论述，并以此为基础展开数据分析与解读。

第二，本书能够对法科生学习定量实证研究方法有所裨益。开展定量实证研究，除须遵循定量实证研究的基本逻辑外，研究者还需要熟练掌握定量实证研究方法。对此，为补齐法科生在定量实证研究方法上的短板，部分院校开始针对法科生开设定量实证研究相关的课程。我个人，则从 2021 年开始，为法学硕士生讲授"法学实证研究方法"，并主要讲解定量实证研究方法。从我个人的课程讲授经验来看，教材选用是当前面向法科生开设定量实证研究方法课程所面临的首要问题。虽然近年来，已有学者通过翻译诸如美国犯罪学方法教材的方式尝试解决教材选用问题，但因问题意识、数据形式等方面均与我国现状存在显著差别，犯罪学方法教材似乎仍然无法满足实践授课需求。因此，本书在第四章"操作化"与"假设检验"部分，除展示数据处理与分析结果外，特意融入对所使用方法的基本原理、目的以及操作规程等的较为详细的阐述，以期能够真正意义上结合传统法学问题与主流数据形式，为法科生学习定量实证研究方法提供一定的支持。

从博士学位论文完成，到本书成稿，必然离不开诸多师友的指导与帮助。首先，必然要感谢我的恩师屈茂辉教授。正是屈茂辉教授基于其深厚的法学研究功底以及对法学学科发展的独到见解给予我的指导，才使得我能够明确自己的研究方向并产生清楚的认识，从而有效结合我计算机与法学两方面的知识背景完成本书的写作。同时，也要感谢廖永安教授、唐东楚教授、黎四奇教授、肖海军教授等对我的博士论文所提出的宝贵意见和建议。而从博士论文脱胎为本书，则要特别感谢湖南大学出版社的支持与帮助。

王　中

2025 年 4 月于长沙岳麓山